生活技能 034

開始在荷蘭
自助旅行

作者◎陳奕伸

太雅

「遊荷蘭鐵則」

☑ 進門記得說Hoi

理由：不管認不認識，進入某場所，荷蘭人都會互打招呼。請記得說聲「Hoi」或「Hello」！

☑ 荷蘭人騎單車兇猛，行人請乖乖走人行道

理由：荷蘭街道分為車道、腳踏車道及人行道。荷蘭人騎單車可跟咱們台灣人一樣橫衝直撞，請記得行走人行道而非腳踏車道，否則相當危險，也妨礙到腳踏車的通行。腳踏車失竊也是稀鬆平常之事，記得停放處，並且一定要上鎖！

☑ Coffee Shop飄散大麻味？

理由：荷蘭所謂的「Coffee Shop」可不是賣咖啡，而是正宗的大麻店，千萬別走錯了！另外，如果你在月台等車想呼口菸，記得到月台的吸菸區，否則會被處以60歐元的罰鍰。

☑ 荷蘭文的拿鐵怎麼說？

理由：荷蘭人也很愛喝咖啡。那麼，荷蘭文的拿鐵要怎麼說呢？如果你要點拿鐵(Latte)，荷語是「Coffee Verkeerd」(翻成中文叫「錯誤的咖啡」)。服務生送上咖啡時一定都會附上一片荷式餅乾。

☑ 慘不忍睹的荷蘭品味

理由：荷蘭沒有舉世聞名的道地美食，在穿著上也不講究著重品味，如果在路上看到慘不忍睹的，請不要當場笑出來；但記得拍張照，PO在臉書上讓大家笑一笑。

☑ 天氣比女人善變，記得帶雨衣

理由：一年365天，荷蘭大概有超過300天都在下雨。來到風大的荷蘭與其攜帶雨傘，不如帶件可折疊又耐風擋雨的好雨衣。

☑ 搭乘公共交通，記得上下車都要刷卡

理由：不要有投機心理，以為不會那麼倒楣遇上查票。尤其是搭乘電車，查票員隨時會上車抽查。有時查票員會故意在車上假裝純聊天，突然大喊：Vervoerbewijs Checken，表示請大家現在立刻出示車票檢查。這時電車絕不會因為到站就開門喔！如果被查到上車沒有購票刷卡，將處以50歐元以上的罰鍰。

☑ 下載NS APP，隨時掌握班次車況」

理由：荷蘭鐵路局(NS)每天不斷上演著誤點、班次取消、罷工、施工等戲碼，令乘客措手不急。下載APP能隨時掌握最新異動的班車狀況，做好準備，以免耽誤到下個行程。

☑ 薯條一定要淋上美乃滋(mayonnaise)或沙嗲醬(satésaus)

理由：薯條是荷蘭的國民美食，不管你怕不怕胖，一定要吃一次！而且要淋上油滋滋的美乃滋或沙嗲醬！

☑ 購票僅接受刷卡付款

理由：在荷蘭，如果你是上了電車或巴士才向司機或售票員購票，請記得：購買車票一律只能刷卡(信用卡或金融卡)，完全不接受現金購票。

行前 Q&A

旅遊荷蘭前你最想知道的問題……

Q1 到荷蘭自助旅行安全嗎?

荷蘭算是一個多種族國家,尤其是大城市,宛如小地球村,因此是全球數一數二自由開放相當高的國度。每年前往荷蘭旅遊的觀光客相當多,荷蘭在觀光、指標、交通設施上做得相當完善,因此是個非常適合自助旅行的國家。而大部分的荷蘭人也都相當友善幽默!

無論如何,不管前往哪個國家旅遊,出門在外都要小心謹慎自身及財物的安全。

Q2 去荷蘭賞花的最佳季節?

荷蘭花季一般從3月下旬~5月中旬這段時間。特別是庫肯霍夫鬱金香花園也在這段時間開放。除了鬱金香之外,荷蘭也栽種其他許多品種的花卉,街角或車站都有小型花店。荷蘭人也愛花,是個花卉國度。

Q3 哪個季節比較不適合旅遊荷蘭?

春季3月中旬~6月算是不錯的旅遊時間。但不建議10月中旬和11月前往荷蘭。因為這段時間天氣非常不穩定,多風多雨,也相當濕冷。所以最好避開這兩個月。全球氣候變遷,出門旅遊,請隨時掌握天氣預報。

Q4 語言不通怎麼辦?

這就別擔心了!幾乎每個荷蘭人都會說流利的英語,也不排斥說英語。他們知道自己的語言並不容易學,因此對觀光客親切,包容度也很大。即使你的英語不好也不用不好意思,英語也非荷蘭母語。雙方都能溝通就好。

Q5 荷蘭的物價?

物價其實不會和台灣差太多。交通、旅館及餐廳用餐物價會比台灣高。但是飲食,特別是乳製品則是相當便宜,超市的價格也不會和台北相差太多。近來受通膨的影響,物價、交通費齊漲已是難擋的趨勢。出發旅遊之前,請先做足功課,規畫旅遊預算。

Q6 旅遊荷蘭有沒有什麼禁忌?

荷蘭雖然是自由開放度很高的國家,但是我們還是要入境隨俗,尊重當地的文化和規則。如果你在商店或露天市場想要拍照,建議你事先詢問店家,不然容易引起誤會。進入餐廳或公共場合,微笑和打聲招呼也是基本禮貌。讓荷蘭人對台灣觀光客留下美好的印象。

荷蘭對流行性傳染病的防範政策

Covid-19

　　荷蘭新冠肺炎首例始於2020年2月底，出現在荷蘭南部。雖然當時已有多國淪陷，荷蘭政府並未有大動作的防疫措施，多半視同流感。直到確診人數瞬間暴增，才祭出相關的防疫規定，但為時已晚。

曾推行的重大防疫措施

1. 宣布封城，關閉大型公共場所，如博物館、健身房、髮廊、餐廳、足球場等，並禁止群聚或任何集會活動。阿姆斯特丹陷入空城狀態。
2. 為防止因封城而引發民眾排隊搶購日用品與囤積物資，在早上07:00～08:00限65歲以上年長者採買。
3. 宵禁令，嚴禁晚間21:00～隔日清晨04:00進行各項聚會活動。
4. 由於荷蘭在2019年8月通過反蒙面法，明文規定在政府機關、醫療單位，教育機構及大眾運輸上，不能使用全罩式安全帽，以及穿戴會完全遮住頭，只露出眼睛的衣物(即burka，部分伊斯蘭國家規定女性須穿戴這樣的衣物才能外出)，但若是與健康、醫療、職業或體育比賽相關的穿戴物品則可豁免。
5. 在公車內拉起封鎖線，防範乘客靠近駕駛，降低風險。
6. 實施口罩令。
7. 實施「疫苗通行證」，只有接種疫苗的民眾才允許旅行以及進入室內的公共空間。

疫情期間在火車站的防疫規定標示 ▶

疫情和防疫所帶來的影響

1. 在荷蘭並未聽聞有華人因佩戴口罩而遭遇歧視甚至毆打的事件發生，多半為媒體炒作或為流量點閱率的假新聞)。
2. 主要城市的民眾走上街頭抗議，並演變成違法脫序的攻擊行為。萬人集結阿姆斯特丹上街示威，大罵防疫嚴重影響生活、更危害人身自由，與警方發生暴力衝突；南部的安多芬市(Eindhoven)，抗議民眾丟擲煙火、洗劫超市、砸碎店鋪櫥窗玻璃；

鹿特丹和海牙也發生反防疫暴力示威，民眾朝員警丟擲石塊和爆竹，縱火燒警車。其他城鎮也出現規模較小的抗議活動，許多人遭到逮捕。

3. 造成數百萬歐元的損失。

與病毒共存的荷蘭

目前荷蘭已恢復正常生活，沒有實施任何的防疫措施，包括像是社交距離、戴口罩、限制餐廳內用和大型群聚活動等都沒有規範。荷蘭衛生署雖開放第四劑疫苗的施打，但也未如先前具強制性。

偶爾還是會看到有人戴口罩，但不會受到任何歧視或異樣眼光對待。如果你還是堅持出入公共場合戴口罩的話是不必擔心的。假使有發燒或不舒服的狀況，請自行立即做快篩檢查。

確診了！我該怎麼辦？

如果在旅遊期間發現自己確診了，該怎麼應對呢？如果你身體不舒服，有類似新冠肺炎可能發生的症狀，如發燒、喉嚨痛、疲累等，請先自行做快篩(建議自行攜帶快篩劑以備不時之需)。萬一真的確診了，請立即通報下榻旅館。這段期間，請待在旅館房間內休息靜養，關於飲食，可請旅館服務人員幫忙或上APP訂餐。

一般來說，休養2～3天之後再做一次篩檢，若為陰性，即可離房，但一樣請先通知旅館人員。建議最好每天都做一次快篩。如果情況較為嚴重，請聯絡當地衛生局GGD，會有相關的專業醫護人員協助。

如果因為確診而會耽誤影響到你的飛行計畫，例如前往下一個行程或是回程，這段期間也需要聯絡航空公司更改機票。

▶ 目前在機場設有消毒除菌站，提供簡易設施給旅客使用

重要網站

有關荷蘭疫情、規定等相關資訊，可參考各官方網站。

荷蘭政府

荷蘭當地衛生局 (GGD)

荷蘭國家公共衛生與環境研究所(RIVM)

＊資料時有異動，請以官方公布的最新資料為主

臺灣太雅出版
編輯室提醒

出發前，請記得利用書上提供的通訊方式再一次確認

　　每一個城市都是有生命的，會隨著時間不斷成長，「改變」於是成為不可避免的常態，雖然本書的作者與編輯已經盡力，讓書中呈現最新的資訊，但是，仍請讀者利用作者提供的通訊方式，再次確認相關訊息。因應流行性傳染病疫情，商家可能歇業或調整營業時間，出發前請先行確認。

資訊不代表對服務品質的背書

　　本書作者所提供的飯店、餐廳、商店等等資訊，是作者個人經歷或採訪獲得的資訊，本書作者盡力介紹有特色與價值的旅遊資訊，但是過去有讀者因為店家或機構服務態度不佳，而產生對作者的誤解。敝社申明，「服務」是一種「人為」，作者無法為所有服務生或任何機構的職員背書他們的品行，甚或是費用與服務內容也會隨時間調動，所以，因時因地因人，可能會與作者的體會不同，這也是旅行的特質。

新版與舊版

　　太雅旅遊書中銷售穩定的書籍，會不斷修訂再版，修訂時，還區隔紙本與網路資訊的特性，在知識性、消費性、實用性、體驗性做不同比例的調整，太雅編輯部會不斷更新我們的策略，並在此園地說明。您也可以追蹤太雅 IG 跟上我們改變的腳步。

 taiya.travel.club

票價震盪現象

　　越受歡迎的觀光城市，參觀門票和交通票券的價格，越容易調漲，特別 Covid-19 疫情後全球通膨影響，若出現跟書中的價格有落差，請以平常心接受。

謝謝眾多讀者的來信

　　過去太雅旅遊書，透過非常多讀者的來信，得知更多的資訊，甚至幫忙修訂，非常感謝大家的熱心與愛好旅遊的熱情。歡迎讀者將所知道的變動訊息，善用我們的「線上回函」或直接寄到 taiya@morningstar.com.tw，讓華文旅遊者在世界成為彼此的幫助。

開始在荷蘭自助旅行 新第七版

作　　者　陳奕伸

總 編 輯　張芳玲
發想企劃　taiya旅遊研究室
編輯部主任　張焙宜
企劃編輯　張敏慧
主責編輯　簡伊婕、林孟儒
修訂主編　鄧鈺澐
修訂編輯　黃琦
封面設計　許志忠
美術設計　許志忠

太雅出版社
TEL：(02)2368-7911　FAX：(02)2368-1531
E-mail：taiya@morningstar.com.tw
太雅網址：http://taiya.morningstar.com.tw
購書網址：http://www.morningstar.com.tw
讀者專線：(02)2367-2044、(02)2367-2047

出 版 者　太雅出版有限公司
　　　　　台北市106辛亥路一段30號9樓
　　　　　行政院新聞局局版台業字第五○○四號

總 經 銷　知己圖書股份有限公司
　　　　　106台北市辛亥路一段30號9樓
　　　　　TEL：(02)2367-2044 / 2367-2047
　　　　　 FAX：(02)2363-5741
　　　　　網路書店：http://www.morningstar.com.tw
　　　　　郵政劃撥：15060393 (知己圖書股份有限公司)

法律顧問　陳思成律師

印　　刷　上好印刷股份有限公司　TEL：(04)2315-0280
裝　　訂　大和精緻製訂股份有限公司　TEL：(04)2311-0221

七　　版　西元2023年03月10日
定　　價　400元
(本書如有破損或缺頁，退換書請寄至：
台中市西屯區工業30路1號　太雅出版倉儲部收)

ISBN　978-986-336-392-7
Published by TAIYA Publishing Co.,Ltd.
Printed in Taiwan

國家圖書館出版品預行編目(CIP)資料

開始在荷蘭自助旅行／陳奕伸作.
——七版，——臺北市：太雅，2023.03
面； 公分 . ——（So easy；034）
ISBN　978-986-336-392-7　（平裝）
1.自助旅行　2.荷蘭
747.29　　　　　　　　　109004086

填線上回函

開始在荷蘭自助旅行

https://goo.gl/nAHf9s

失序中，祈求再秩序

　　人類試圖藉著電影來想像與探索「世界末日」的可能性，而大多數的故事都是從一個傳染性和生存力超強的變異病毒源起。世界的毀滅，都是從一場無法收拾與控制的瘟疫開始。

　　誰也無法料想到，原本以為這場只是和流感相似的世紀流行疾病，卻讓我們的生活按下了暫停鍵，進而限制了我們生活最基本的權利與自由。就算再有為的政府也只能眼睜睜看著每天飆升的確診與死亡人數，束手無策。蔓延超過3年之久的災變，似乎還看不到盡頭。抗疫之路的顛簸，更改變了世界的結構、我們的生活方式，以及全球心理的輪廓。眼不見的病毒竟能帶走4百多萬條性命，同時喚醒了人們內心裡悲觀的「存在焦慮」，例如：死亡、孤獨、生命的意義與生活價值感。

　　或許唯一能讓人稍感欣慰的是，它讓我們重新思考人生中的優先事項，特別是重新檢視生活中的小事。那些過去你一直認為理所當然的事情，曾經微不足道，如今看來格外重要，更珍惜生命的寶貴和價值，還有對旅行與自由的渴望與可貴。也因為疫情，河流變得清澈，空氣變得清新，忙亂的城市藉此得到片刻的歇息與淨空，這都是在從前，往往不會意識到的。

　　去年春年開始，歐洲各國陸續解封，主要歸因於反防疫的浪潮和全球經濟重挫衰退，國民所得嚴重萎縮，日子再也撐不下去了！我相信，隨著疫苗面世和具免疫力的人越多，相信最終一定會打贏抗疫戰爭，問題只在於需要多長的時間吧。

　　這本旅遊書，也因為疫情、國境關閉的影響，導致出版時間一延再延。在收到太雅主編傳來即將要出書的好消息的同時，正好是我來荷蘭生活屆滿20年。20年了，作為過去一段時間的結束和另一個全新的開始，開始在荷蘭自助旅行就要重見天日！

　　當你興奮地再次提著行李要出發的同時，別忘了防護措施，然後多拍幾張照片，多多享受這期盼多時，得來不易的旅行和每一個當下，每一個美景！Goeie Reis!

陳奕伸

在台北讀的是中文系,因熱愛旅行,遠赴荷蘭攻讀觀光碩士,已在荷蘭生活超過15年。他眼中的荷蘭是個自由又悠閒的運河小國,卻深藏著如童話般的經典美景,從大城到小鎮,足跡遍布荷蘭,去過的地點比在地的荷蘭人還多,更修習荷蘭語,以便融入及了解當地的文化傳統。透過細膩的筆觸、觀光旅遊的專業背景、近十年從事旅館業的經驗,再加上對旅行從不退滅的熱情,最懂得旅客真正的需求,並且毫不保留將這本書從一開始的準備工作到旅途中可能會遇到的問題一一拆解,期望讀者能藉由這本書的輔助,做好出發前的準備工作和行程計畫,完成一趟屬於自己、順利又精采的旅行!

著有:《學荷蘭人過生活》太雅出版、《等待凌晨三點的日落 冰島奇幻之旅》高寶出版、《荷蘭迷·戀小鎮 1&2》華成出版。

目 錄

12 認識荷蘭

40 機場篇

116 住宿篇

22 行前準備

58 交通篇

124 飲食篇

認識荷蘭
About Netherlands

荷蘭，是個什麼樣的國家？

介紹荷蘭的氣候、地理、政治、經濟、歷史、治安、貨幣、電壓、
語言、國定假日、商店營業時間等資訊，還有街頭奇妙景象的有趣單元，
幫助你建立簡單的荷蘭印象。

荷蘭速覽

荷蘭，是個什麼樣的國家？

地理 | 正名強化國家特質

荷蘭（Holland），是國際名稱；正式國名為尼德蘭王國（Koninkrijk der Nederlanden），縮寫為「NL」。Neder的意思是「低地」，landen則是「土地」，長期與海爭地而得其名。

荷蘭面積為41,526平方公里，只比台灣大一點點；位於歐洲西部，東面與德國為鄰，南接比利時，西、北部瀕臨北海（North Sea）。西部沿海為大片低地，東部是波狀平原，中部和東南部為高原。全國一半以上土地低於海平面，三分之一面積僅高出海平面1公尺。荷蘭人從13世紀就開始填海造陸，增加土地面積約70萬公頃。

尼德蘭王國最初由7個不同小王國組成，包括菲仕蘭在內，今日共擴展成12個，王國身分也轉變為「省」。這12省分別為：荷洛寧恩（Groningen）、菲仕蘭（Friesland）、德蘭特（Drenthe）、歐弗萊索（Overijssel）、北荷蘭（Noord-Holland）、芙雷佛蘭（Flevoland）、赫爾德蘭（Gelderland）、南荷蘭（Zuid-Holland）、烏垂克（Utrecht）、北布拉邦（Noord-Brabant）、海蘭（Zeeland）、林堡（Limburg）。

至於其國際名稱為「Holland」，是因為最初的7個小王國中，以Holland最大，故而得名。

荷蘭基本情報

面積：41,526平方公里

首都：阿姆斯特丹(Amsterdam)；政府機關所在行政中心位於海牙(Den Haag)

人口：約1,700多萬人，外來移民約占10%

貨幣：歐元，符號為€

宗教：19％的人信奉基督教，29％為天主教，6％為回教徒，約46％無特定信仰

官方語言：荷蘭語

自2020年1月起，停用「荷蘭」一名。全面將過去25年來通用的「Holland」，改為「the Netherlands」。但其實，荷蘭王國的正式名稱沒變，依舊是Koninkrijk der Nederlanden，改的只是荷蘭的徽標而已。包括政府機構、駐外使館、學術教育、商務、比賽等均採用新徽標(NL)，目的在於進行國家品牌建設，向世界展現出一個「開放、富有創造力和包容性的國家形象，同時加強外界對荷蘭的全面了解。

另一個原因則在於傳統上「荷蘭」僅代表該國12個省分當中的南北荷蘭省2個沿海省分，而「尼德蘭」才能代表全國12個省分。因此也希望通過改名，將遊客引流到其他城市，創造新的旅遊商機。

認識荷蘭

北海

荷蘭

★ 阿姆斯特丹(Amsterdam)

● 海牙
(Den Haag)
● 鹿特丹(Rotterdam)
● 烏垂克(Utrecht)

德國

● 杜塞道夫
(Düsseldorf)

比利時

● 布魯塞爾(Brussels)
● 馬斯垂克(Maastricht)

荷蘭小檔案 02

歷史 | 17～18世紀，是海上霸權、世界倉庫

　　荷蘭在16世紀以前，長期呈封建割據狀態；16世紀初受西班牙統治，1568年爆發反抗西班牙統治戰爭。1581年，北部7省成立尼德蘭聯合共和國。1648年開始，荷蘭成了歐洲北海沿岸勢力最強的代表，躍升為海上霸權，航運和海外貿易的蓬勃發展，使荷蘭成為歐洲金融商業中心和「世界倉庫」。

　　1602～1799年，這一百多年間，因東印度公司（VOC）從貿易公司轉型為全球第一家跨國企業，對荷蘭（特別是對阿姆斯特丹）產生舉足輕重的影響。時至今日，走在阿姆斯特丹的街道上，兩旁建築風貌和運河規畫等，仍看得出當時的繁榮商業景象。

　　1810年，被併入法國，4年後脫離法國；1815年成立荷蘭王國。1830年，比利時脫離荷蘭自行獨立。1848年，荷蘭成為君主立憲國。在一次大戰保持中立。二次大戰時，王室和政府遷至英國，成立流亡政府；戰後放棄中立政策，加入北約與歐洲共同體，以及後來的歐盟。

路上觀察 | 荷蘭人，全世界最高的人種

　　荷蘭人的平均身高185公分，而且近年來一代比一代高。觀察古蹟的門扉即可證明；身高超過180公分的人，要進入17世紀的古蹟入口，非得彎腰低頭不可。荷蘭有一項規定，就是住家和營業場所的門高，不得低於234公分。據說，梵谷的身高是170公分，這高度是當時荷蘭人的平均身高，但是與當今荷蘭長人俱樂部會長范史普倫德210.8公分的身高相比，梵谷根本就是小矮人。

◄隱士博物館展出黃金時代荷蘭人物畫作

Willem van Oranje(1533～1584)是荷蘭民族英雄，幫助荷蘭擊退西班牙，脫離殖民地身分►

(圖片提供：www.tweedekamer.nl)

荷蘭小檔案 03

國旗 | 紅白藍3色，橘色是國色

荷蘭國旗，是沿用當初荷蘭人群起抗爭西班牙統治所用的旗幟。最初是「橙、藍、白」3色，但因橙色在海上不容易區辨，而後改為紅色。今日的「紅、白、藍」國旗是於1937年2月制定。荷蘭國歌歌詞提到國旗的宗旨：紅色代表勇氣，白色代表上帝的祝福與護佑，藍色代表對祖國堅貞的忠心。另外，橘色（Orange）是王室（Oranje）的象徵顏色，不論是各項重要慶典、大小比賽場合、紀念品店，都看得見橘色。因此，橘色也成為荷蘭的國家代表色。

荷蘭小檔案 04

經濟 | 工商業、畜牧業、農業都厲害

荷蘭自然資源貧乏，但天然氣儲量豐富。其工業發達，主要有食品加工、石油化工、冶金、機械製造、電子、鋼鐵、造船、印刷、鑽石加工等。近20年也著重發展空間、微電子、生物工程等高技術產業。鹿特丹（Rotterdam）是歐洲最大煉油基地、全球前十大港口之一。荷蘭是世界主要造船國家之一。

荷蘭人利用不適於耕種的土地，因地制宜發展畜牧、農耕、精緻農業，躋身世界畜牧業最發達國家的行列，也是世界第三大農產品出口國。全世界有一半的馬鈴薯從荷蘭輸出，其他重要農產為：小麥、甜菜、燕麥、黑麥等。

花卉更是荷蘭的重要產業，花卉出口占國際花卉市場的40～50%，是全世界最大的花卉輸出國家。另外，金融服務業、保險業、旅遊業也相當發達。

▲ 阿姆斯特丹WTC世貿中心區

荷蘭小檔案 05

政治 | 君主立憲，多黨政治

1848年修憲後，確立荷蘭為世襲君主立憲王國。立法權屬於國王和議會，行政權歸屬國王和內閣。樞密院為最高國務協商機構，主席為國王本人，其他成員由國王任命。議會由一院和二院組成。二院擁有立法權；一院有權同意或拒絕批准法案，但不能提出或修改法案。

女王可以關心政治但不能干預。荷蘭目前政黨為多黨政治，由CDA、PVV、PVDA、Grone Links、VVD、SP、D66、PVDD、PDVV、CU、50 Plus和SGP等政黨組成。

▲ 海牙是荷蘭政治之都，國會議事中心、總理辦公室、國際法庭等皆在海牙市中心

荷蘭小檔案 06

語言 | 荷蘭語、菲仕蘭語、法蘭德斯語

官方語言爲荷蘭語。全世界說荷語的地區不多，僅荷蘭和比利時北部使用。荷蘭是歐洲國家中較能接受英語的，像阿姆斯特丹、鹿特丹等大城，英語也通。北部的菲仕蘭省（Friesland）則以當地菲仕蘭語（Frisian）爲主；荷蘭南部及比利時荷語區多半是講法蘭德斯語（Flemish）。

荷蘭小檔案 07

治安 | 令居民與旅人安心的國家

荷蘭的治安還算不錯，白天夜晚，路上都有警察巡邏，讓居民都遊客都能安心，阿姆斯特丹更由美國BuzzFeed網站選爲全球十大最適合自助旅行城市第八名。然而出門在外，仍應提防扒手。旅行時，不宜穿金戴銀、愛現名牌行頭。一般人會覺得扒手多半是吉普賽人、中東人或黑人，其實這是錯誤觀念，扒手可是不分男女、年齡、種族。

以阿姆斯特丹來說，一整年無分淡旺季，從中央火車站（Centraal Station）到水壩廣場（De Dam）這段路、紅燈區、萊茲廣場（Leidseplein）一帶，

▲ 旅遊遇到困難，可立即向街上的巡邏警察請求協助

滿坑滿谷全是來自世界各地的觀光客。有的扒手會故意和你聊天，讓你分神，由共謀者下手。最好的應變方法，就是繼續前行，微笑裝聽不懂。如果搭乘擁擠電車或巴士，最好將背包移抱在胸前，手放在包包的鈕扣或拉鍊上；若搭長途火車，途中想上廁所，貴重物品一定要隨身攜帶。

荷蘭小檔案 08

氣候 | 春夏旅行最適宜

荷蘭屬溫帶海洋性氣候。春暖花開的3月底，到初夏豔陽的6月，最適合旅行。鬱金香花季從3月下旬開始，至5月中旬。6～8月晝長夜短，天黑的時間約爲23:00。7月的天氣較爲炎熱，8月則得看老天爺的心情，時好時壞。

10月和11月期間陰雨綿綿，冷風強勁，最不適合前往旅行，尤其荷蘭面海，又無高山屏障，因此從北海挾帶的風雨量驚人，5～8級的強風吹起來可不輸給台灣的颱風！一把100元的便宜傘很快就骨折架散，建議以雨衣取代雨傘。

冬天偶有降雪，低溫可達零下，晝短夜長，天亮時間約爲08:00，天黑時間爲16:00過後。如今氣候變遷異常，建議出門前再次查看氣象預報。

貼心 小提醒

荷蘭天氣多變，衣著須留意

春夏季節早晚溫差大，長袖薄衫可備不時之需。夏季高溫可達30℃以上，記得攜帶防曬用品、帽子、太陽眼鏡；秋冬則必備保暖厚衣物。另外，荷蘭天氣是出了名的詭譎多變，可以5分鐘下雨、5分鐘冰雹，再5分鐘出太陽。一年之中，陰雨的天氣比出太陽的機會多，因此品質良好的雨具四季皆需準備。此外，歐陸氣候較乾燥，建議攜帶保濕乳和護唇膏。

荷蘭小檔案 09

航程 | 台灣飛荷蘭，約21～25小時

因為疫情的關係，荷蘭航空目前已取消直飛。提供飛往荷蘭的航空公司尚有長榮航空、中華航空、阿聯酋航空、土耳其航空和新加坡航空等。飛行時間約21～25小時不等，包含中途停留時間。

荷蘭小檔案 10

留學 | 出國留學另一選擇

荷蘭是國際化程度相當高的國家，許多學科都設有英語授課課程。近年，亦向全球強力推廣國際教育課程，其中以法律、商學、建築、工程和設計等最負盛名，前往荷蘭留學的人數逐年漸增。由於留學英、美、澳學費過於高昂，對預算有限的人而言，荷蘭是另一新選擇。

除了大學體系，亦有許多短期課程可供選讀。

留學資訊看這裡

台灣荷蘭教育推廣協會
Holland Education Association in Taiwan
http study-in-holland.wixsite.com/taiwan
@ hollandeducationtaiwan@gmail.com
荷蘭國際文教機構
http www.studyinholland.nl

*資料時有異動，請以官方公布的最新資料為主

一般說來，取得碩士約需10～15個月。費用則每年1萬歐元起，視學科而定。在申請程序方面，可向荷蘭貿易暨投資辦事處教育推廣組諮詢。

荷蘭小檔案 11

銀行開戶 | 需事先預約，費時 5天～3週工作天

申辦金融卡（pinpas / betaalpas）時，建議先詢問該卡是否為「Maestro」卡。如果是的話，前往其他國家旅行，都可以在當地的提款機直接提款或提領當地貨幣（非歐元區），相當方便。至於是否收取手續費則視各家銀行規定。**請注意** 建議你預先詢問行員：如果前往非歐元區旅行之前，是否需要先請銀行開卡或其他手續，以免發生到了當地無法提領的狀況。

▶
前往銀行開戶，記得備齊必要的證件、文件，免得白跑一趟

貼心 小提醒

pinpas / betaalpas金融卡，購物超好用

預計前往荷蘭留學或工作的讀者，在荷蘭商店購物時，若現金不夠或來不及領現金，可以使用在銀行開戶時所申請的pinpas / betaalpas刷卡（在荷蘭叫作Pinnen）。不過，銀行每個月會收取2～3歐元不等的卡費。每次在商店使用完pinpas / betaalpas刷卡購物後，收據也要保存好，若有錯誤，可與銀行對證。

荷蘭小檔案 12

貨幣匯兌 | 歐元誕生地：馬斯垂克市

2001年，荷蘭貨幣荷盾（Gilder）正式由歐元取代。歐元的誕生地、歐盟會議同意歐元硬幣的樣式地點，是荷蘭南部的馬斯垂克市（Maastricht）。目前匯率約為1：35（辦理匯兌前，可先上網參考匯率）。兌換歐元紙幣時，最好請行員換小額紙鈔給你，例如10歐元、20歐元、50歐元。因為歐洲一般商店，都會擔心收到偽鈔，所以不接受100、200、500歐元這種面額較高的紙鈔。（目前5、10及20歐元都有新款的面額鈔票流通，但舊款的鈔票依舊通行使用）

在荷蘭，為了減省找零時間和算錢麻煩，大部分商家都不再收1分、2分這種小額硬幣。以下列出結帳的金額與實際要付的金額範例：

結帳金額	實際要付金額
€10.21 或 €10.22	€10.20
€10.23 或 €10.24	€10.25
€10.26 或 €10.27	€10.25
€10.28 或 €10.29	€10.30

製表：陳奕伸

1分　　　2分　　　5分

10分　　　20分　　　50分

2歐元　　　2歐元(歐盟成立50週年紀念幣)

1歐元　　　5歐元

10歐元　　　20歐元

50歐元　　　100歐元

200歐元　　　500歐元

匯率換算看這裡

台灣Yahoo網站銀行服務

http tw.money.yahoo.com/bank_list，右欄下方有外匯匯率換算的程式

貼心 小提醒

攜帶超過1萬歐元須申報

如果你身上攜帶超過1萬歐元的現金，必須於抵達時向海關申報。但真的不建議讀者攜帶這麼多現金，讓整趟旅行這麼不安心。

＊資料時有異動，請以官方公布的最新資料為主

荷蘭小檔案 13

電壓 | 220～240伏特，2孔圓頭插座

荷蘭的電壓為220～240伏特，插頭大部分為2孔圓頭插座，和台灣不同，需自帶變壓器或轉換插頭。一般在台灣買的手機、筆記型電腦、數位相機的變壓器或充電器，都可以通用100V～240V電壓，所以只要帶轉換插頭即可。一個轉換插頭約台幣300元，大型連鎖電器行都可買到。

行家祕技 | 順遊英國，要買萬國插頭

如果除了荷蘭，你還要繼續前往英國或非歐洲國家旅行，就得另外再買一個適用當地的轉換插頭，因為英國的插座和其他歐洲國家不一樣。或是可買一盒萬國插頭組(大約台幣1,000元)，裡面有適用全世界的插頭，一勞永逸。

荷蘭小檔案 14

營業時間 | 週四購物夜，營業至21:00

一般商店的營業時間：週一11:00～18:00；週二～六09:00～18:00(週四09:00～21:00，當晚又稱Koopavond，也就是購物夜)；大部分的商家在週日都會營業(12:00～18:00)。以上營業時間，大城小鎮及地區會有些不同。除了大城市之外，荷蘭某些地區的城鎮週一營業的時間，通常從13:00才開始。

超市營業時間：一般來說週一～日08:00～22:00(視各城市鄉鎮而定)。

銀行營業時間：多半為09:00～17:00，各家銀行營業時間不同，請以各銀行公布為準。

▲ 荷語的營業時間叫作Openingstijden，商家都會張貼在大門上

荷蘭小檔案 15

時差 | 比台灣慢6或7小時

荷蘭一整年分為夏令與冬令兩個時節。夏令時間比台灣慢6小時，冬令時間則慢7小時，在荷蘭或歐洲旅行時，記得對時調整手錶，以免錯過搭車、搭機時間！

季節	時間範圍	換算範例
夏令時間 (比台灣慢6小時)	3月最後一個週六～ 10月最後一個週六	荷蘭10:00＝ 台灣16:00
冬令時間 (比台灣慢7小時)	10月最後一個週六～ 3月最後一個週六	荷蘭10:00＝ 台灣17:00

製表：陳奕伸

荷蘭的奇妙景象

荷蘭人的戀橘情結

橘色是荷蘭的國色。只要是國內外大大小小的比賽、國王節等節慶活動，橘色的裝扮絕對是荷蘭人表現共襄盛舉、心手相連的最好見證。有機會參與盛況，別忘了入境隨俗，妝扮成一身橘啊！

找單車，像大海撈針

停單車的地方難尋，就跟在台北街頭找停車位一樣。還好，荷蘭政府從單車車道、公共租用到停車處都有很好的規畫。像在阿姆斯特丹中央火車站旁就設立了立體單車停車場，高達3層樓，停滿了上千台的單車。如果你要將愛車停在此處，可得記得停放位置。單車長得都差不多，要是忘了，就得大海撈針囉！

露天解放沒在怕

這是荷蘭的流動廁所，只要有大型的節慶活動，都可以在路邊看到它。不過，要在路邊使用這樣的廁所，臉皮也要夠厚！對此，荷佬們只求解放的爽快，才不在乎那麼多呢！當然如果你真的忍到不能再忍，也顧不了其他了！

怎麼鎖，都不奇怪

阿姆斯特丹是單車失竊率相當高的城市。要如何鎖好愛車，除了要有一到兩把堅固的車鎖之外，如何停車也得費點心思。像這台腳踏車的停法夠創意了吧！連偷車賊恐怕也懶得動手。免得單車還沒到手，就先掉進運河裡了！

荷蘭人物盡其用

在歐洲很流行二手拍賣市場，荷蘭也不例外。阿姆斯特丹就有固定的場地提供給大家撿便宜、搞收藏。地攤上的東西琳瑯滿目、眼花撩亂，把家裡不要的東西全擺上來，簡直連垃圾都能賣！

荷蘭人最愛的糖果

這個烏漆墨黑，嘗起來有點苦又有點鹹，像藥一樣的東西，居然是荷蘭人最愛的糖果Drops！

行前準備
Preparation

出發前，要預做哪些準備？

旅行前要先做好規畫，準備充足才能安心上路！

蒐集好旅行資料、準備機票、護照、國際駕照與相關證件，還有行李要怎麼打包，

這些事前準備可一點也馬虎不得！

阿姆斯特丹新地標，位於Houthaven的
Pontsteigergebouw出租式公寓

蒐集旅行資訊

請先上網了解荷蘭旅遊大小事，並掌握荷蘭節慶假日。

5招學會自助旅行

跑書店

誠品、金石堂、博客來網路書店等連鎖書店，都設有專門的旅遊工具書櫃。計畫到荷蘭旅遊，可挑選幾本適合的工具書詳讀。

聽講座

台北市自助旅行協會、中華民國旅遊資訊協會，或是旅行社及航空公司不定期都會推出旅遊講座。可聽聽別人的旅行經驗當參考，也可當下提問講師，更可從會場或所屬網站找到志同道合的旅伴。

台北市自助旅行協會
http www.facebook.com/tita.tita34

瀚世旅行社
http www.hanstravel.com.tw

善用Google Maps和APPS

智慧型手機普遍，隨時都可以聯絡和上網。推薦大家多使用「Google Maps」，是一個很方便的旅遊路線行程規畫工具，可以標記想要出遊的地方和前往方式的建議。

另推薦幾個實用的APP，不妨下載利用！

語言：babble

天氣：buienalarm、weeronline、Buienradar

交通：GVB、9292、NS、omio、OV-chipkaart
　　　Maps.me（規畫路線）

銀行：ING、ABN AMRO

開車：Flitsmeister

腳踏車：flattire、Route.nl

飲食：thuisbezorgd、Deliverloo、The Fork
　　　getir、gorillas

綜合：Issuu、Ongehinderd

爬網路論壇

也可上網和其他網友討論。提出你的旅遊疑問，大家一起研究，也能藉此找到旅伴。經驗分享，也是旅遊討論區最熱烈的互動，其中有旅行者的私房景點、省錢撇步、評價、叮嚀等。臉書上有各種相關荷蘭教育／旅遊群組／民生資訊的社團。

背包客棧
http www.backpackers.com.tw

歐洲自助旅行充電站
http www.eurotravel.idv.tw

臺荷居－提供各項活動資訊與荷蘭民生資訊
http taiho99.blogspot.com

旅遊滔客網
http travel.talk.tw

TripAdvisor
http www.tripadvisor.com.tw

Get Your Guide
http getyourguide.com

逛部落格

　　個人的部落格、論壇開啓了網路抒發和討論的另一片天。許多人喜歡把在地生活、留學、或旅途歸來的故事、經驗、照片放上網路與讀者分享，可藉此多參考、多了解旅行相關訊息。

實用網站推薦

荷蘭旅遊工具網站

荷蘭旅遊網
http www.netherlands-tourism.com

荷蘭鐵路局網站
http www.ns.nl

荷蘭公共交通網 (英文版，可下載APP)
http www.ov9292.nl

OnlyTrain火車票網
http www.onlytrain.com

Omio火車巴士機票網
http www.omio.nl

搭火車遊歐洲旅遊網
http www.treinreiswinkel.nl

荷蘭鐵路局(NS)歐洲火車票網
http www.nsinternational.nl/treintickets

阿姆斯特丹折扣票遊網
http amsterdam.ticketbar.eu/en/home

Eurostar火車票網 (阿姆斯特丹 / 鹿特丹直達倫敦)
http www.eurostar.com/uk-en/homepage

thetrainline火車票網
http www.thetrainline.com

荷蘭觀光網站

荷蘭觀光局(中文版)
http www.holland.idv.tw

荷蘭各省旅遊資訊網
http www.visitholland.nl

阿姆斯特丹觀光局官網
http www.iamsterdam.com

阿姆斯特丹實用旅遊資訊
http www.amsterdam.info

鹿特丹旅遊資訊網
http rotterdam.info

海牙旅遊中心
http www.denhaag.com

烏垂克旅遊中心
http www.bezoek-utrecht.nl

馬斯垂克旅遊中心
http www.vvvmaastricht.nl

＊網頁資料時有異動，請以官方公布的最新資料為主

 豆知識

歐洲最年輕的國王

　　2013年，荷蘭女王碧翠絲(Beatrix)登基邁入第33年的同時，卻在此時宣布將王位交給長子威廉亞歷山大(Willem-Alexander)，成為123年來，荷蘭的第一位國王，是目前歐洲最年輕的君王，繼位時僅46歲。2013年的4月30日成為最後一屆女王節，自2014年開始於威廉亞歷山大的生日當天(4月27日)，改為慶祝國王節。

　　荷蘭王室相當親民。國王節當天，國王和皇后會帶著3位公主和其他王室成員一起和百姓同樂慶祝。每年國王節會選定一鄉一城拜訪。國王節前夕會公布該年前往的地點。想目睹荷蘭王室，可得提早抵達占位子喔！

決定旅行方式

「機+酒」方案很好用,全程自助行具挑戰性。

行家
祕技 **上網劃個好機位**

機+酒自由行

旅行社推出的「機+酒」套裝自由行,內容包括來回機票、飯店住宿、早餐、機場接送或保險等。這種行程的好處在於省去找機票、訂旅館時間,出發前只要專心蒐集並閱讀當地旅遊資訊即可。建議先詢問幾家服務品質穩定、經營良善又受好評的旅行社,比較究竟哪一家推出的「機+酒」行程比較划算並適合自己的時間與計畫。

「機+酒」資訊看這裡

智遊網
http www.expedia.com.tw

鳳凰旅遊
http www.itours.com.tw

東南旅遊
http www.settour.com.tw

易遊網
http www.vacation.ez travel.com.tw

雄獅旅遊
http www.vacation.lion travel.com

買便宜機票看這裡

荷蘭便宜機票量販網
歐洲線客機的機場多半為鹿特丹、安多芬、馬斯垂克等小機場。訂票前請注意出發、抵達的機場。
http www.vliegwinkel.nl
http www.cheaptickets.nl
http www.skyscanner.nl
http www.worldticketcenter.nl

建議提早到機場劃位,要求靠走道或安全門這類可把腳伸長的好座位。此外,航空公司提供旅客事先上網自行劃位,若還有機位,就趕緊劃下吧!空間較大的座位需額外支付費用(依各家航空公司而有所不同)。以下提供長榮航空網路劃位步驟作為參考。

網路上機票的票價多半不包含稅、機位(如果想要空間大一點的位子)、行李和信用卡手續費,每家航空公司的收費方式也不同。訂票及評估預算時需要多留意。

長榮航空:www.evaair.com/zh-tw/index.html

1
Step
劃位:在首頁上方選擇「行程管理/網路報到」,再點選下方的「使用訂位代號或機票號碼查詢」。

> 行程管理/網路報到

> 使用訂位代號或機票號碼查詢

2
Step
報到:在首頁上方點選「行程管理」,左下角會出現劃位報到的選項,選擇你要報到的方式。可使用手機、網路,或自動報到機報到。

> 報到方式選項看這裡

＊資料時有異動,請以官方公布的最新資料為主

全程自助行

如果想來個全自助式旅遊，機票、住宿得自己尋找預訂，也要自己規畫行程，並控制飲食購物花費……這些因素都得考慮進去。聽起來雖然很辛苦，但是從無到有規畫、完成一趟旅遊，也是很有成就感的。此種旅遊方式還有個好處，就是比較能隨自己與旅件的喜好做行程規畫，能玩得有個人風格又有深度。

貼心 小提醒

掌握荷蘭國定假日與節慶

荷蘭各大城小鎮都有當地大小節慶和傳統活動，可先上網查詢欲前往的城鎮，每年舉辦各項活動的時間。利用以下荷蘭國定假日及節慶一覽表，對規畫行程有2點好處：

■ 可多多了解當地特殊節日與好玩節慶，相信有助選擇啟程的日子與停留天數。

■ 瞭解哪些日子是全國性假期，因博物館、商店和大眾交通運輸時間與平日不同。

荷蘭國定假日與節慶

日期	國定假日與特別節慶	說明
1月1日	Nieuwjaarsdag 新年	正值荷蘭耶誕與新年假期。除夕當天，廣場及街道上都有各項迎接新年的活動或音樂會。傍晚施放煙火。全國放假一天。
1月下旬	International Tulip Day 國際鬱金香日	下午1點開始，可前往水壩廣場(Dam)，免費摘取鬱金香帶回家。
2月中下旬	Maastricht Carnaval 馬斯垂克嘉年華	■ **地點：**隨著荷蘭皇室信奉新教，這個屬於羅馬天主教的節慶，只有南部的林堡省(Limburg)與北布拉邦省(Noord-Brabant)仍沿襲傳統。 ■ **內容：**節慶為期3天，高潮是酒神乘坐船型花車遊行。遊行隊伍從火車站附近的Wieck廣場出發，一路經過熱鬧古老的商店街、Vriithof廣場、Markt廣場。 ■ **參與：**參加遊行的人們，會以誇張的服裝與臉譜裝扮自己。這幾天，街上到處是唱歌跳舞狂歡的人，並以喝酒來慶祝。PUB或BAR會營業到凌晨。
3月下旬～5月初	賞花季	■ **內容：**可前往阿姆斯特丹鄰近的庫肯霍夫花園(Keukenhof)賞花，或遊覽當地鬱金香花田。 ■ **提醒：**庫肯霍夫花園詳細旅遊資訊，可翻至本書「玩樂篇」查詢。
4月12日	Goede Vrijdag 耶穌受難日	全國放假一天(每年日期不同，按該年日曆而定)。
4月初	Tweede Paasdag 復活節	全國放假一天(每年日期不同，按該年日曆而定)。
4月27日	Koningsdag 國王節	■ **內容：**這是全荷蘭最狂熱的Party。人們穿戴橘衣橘帽，在運河上大開派對，載歌載舞，橋上及岸邊擠滿圍觀人潮，也吸引全球50萬以上的遊客前來一起High，將阿姆斯特丹擠得水洩不通！ ■ **好康：**國王節也是二手市場拍賣的清倉日，因為這一天擺攤不課稅。
5月5日	Bevrijdingsdag 國慶日	在阿姆斯特丹的戰士紀念碑(Nationaal Monument)及水壩廣場(De Dam)上，由國王率領皇室、政府官員、全國民眾一起舉行紀念儀式。
5月20日	Hemelvaartsdag 耶穌升天日	全國放假一天(每年日期不同，按該年日曆而定)。
5月31日	Tweede pinksterdag 聖餐節	全國放假一天(每年日期不同，按該年日曆而定)。

7月26～28日	Rotterdam zomer Carnaval 鹿特丹夏日嘉年華	鹿特丹夏日最盛大的慶祝活動。充滿拉丁風味的派對和花車遊行，就像巴西嘉年華一般，街上萬頭攢動，讓人見識到荷蘭真是個多種族融合的國家。
8月第一個週末	Gay Parade 同志遊行嘉年華	■**內容：** 在阿姆斯特丹舉行，是全球最盛大的同志活動之一，除了各種主題派對和街頭表演，同志酒吧也很熱鬧。 ■**參與：** 活動最高潮，是週六的運河遊行，來自世界各地的同志無不精心打扮成各種角色，互相爭豔較勁，每年吸引30萬以上遊客參觀。
12月25～26日	Kerstmis 耶誕節	■**前2個月：** 商店陸續展開布置，並販售各式應景飾品。 ■**前2週：** 各城鎮都展開各式慶祝活動。 ■**耶誕夜：** 有信仰的人會前往教堂望彌撒。 ■**耶誕假期：** 這兩天，荷蘭人都會回家過節，商家也會打烊休息。
12月初～1月中旬	阿姆斯特丹燈節	市區各地及運河處張燈結綵，還有各種精心設計的燈飾。

三大不可錯過的節日與嘉年華

國王節的橘色嗨趴：國民派對

每逢國王節（4月27日），全國各地皆有音樂表演、展覽、市集、派對等大型活動，來自全球各地的觀光客也一同歡樂。其中最特別的是每個荷蘭人都可以在任何地方擺攤位，不少人早在數天前就開始劃位，然後在前一晚或當天清晨開始擺攤，把家中珍藏的寶物或者用不著的東西帶出來賣，任何你想得到，或想不到的，都可以在這裡找到。

此外，幾乎每個人都會穿上代表荷蘭國色的橘色衣服，享用以橘色裝飾的美食，舉國慶祝國王的生日。

貼心 小提醒

■國王節當天鐵路班次多有異動，市內亦有交通管制，盡早做好交通安排。

■橘色絕對是你的dressing code！好好發揮你的創意，打扮一下。

人來瘋的地球趴：冬日馬斯垂克嘉年華+鹿特丹夏日嘉年華

7月下旬，鹿特丹舉辦歐洲最大的街頭藝術表演活動，每年會有超過7萬多人集聚到鹿特丹市中心參觀這場街頭盛會！有來自178個國家文化的盛裝遊行，還有現場音樂會，街頭舞蹈，和來自世界各地的美食攤！

每年2月底荷蘭南部馬斯垂克的嘉年華會（Carnaval Masstricht）也相當熱鬧吸睛，值得一訪！

貼心 小提醒

■隨身財物請妥善保管好。

■請及早預訂旅館。

■天熱最好隨身攜帶飲用水。

劃過運河的彩虹：同志遊行嘉年華

8月第一個週末，阿姆斯特丹展開了全球獨一無二的同志運河遊行。每年有超過50萬名來自世界各地的遊客前來共襄盛舉，登上超過80艘代表LGBT及社群團體的船隻，揮舞著彩虹的旗幟，在運河上狂歡吶喊。從週五傍晚開始，市中心就有多項極具特色的活動展開，如變裝皇后比賽；週六的運河遊船則是重頭戲，早在清晨就有不少

人前往Prinsengracht（王子運河）占位，運河遊行從中午12:00 high翻到傍晚18:00；週日還有其他餘興節目及閉幕派對。不管你是不是同志，大夥兒群聚前往酒吧，接棒似地舉辦多個慶祝派對，同志街Reguliersdwarsstraat和附近的林布蘭廣場都有慶祝活動讓你玩到清晨。

貼心 小提醒

■ 不管你是不是同志，請好好精心打扮，展現你最性感火熱的一面。

■ 請及早預訂旅館。

要準備的證件

護照・簽證・國際駕照・國際學生證・國際青年證・青年旅館證。

護照

什麼狀況需要申辦護照

以下狀況均可請旅行社代辦，或自行前往外交部領事局辦理。

■ 首次出國，還沒辦過護照者。

■ 護照有效期限不滿6個月者。

■ 若舊護照更改中文姓名、外文姓名、出生日期、身分證字號等項目。

申辦護照必備證件

■ **護照申請書1份**：未成年者申請護照，需經父母或監護人在申請書背面簽名同意，並黏貼簽名人身分證影本。

■ **身分證正本與影本各1份**：正本供查驗後退還，影本則黏貼於申請書正面。14歲以下未請領身分證者，繳驗戶口名簿正本，並附影本1份；或3個月內辦理之戶籍謄本。

＊更改中文姓名、外文姓名、出生日期、身分證字號者，需繳交戶籍謄本1份。

＊欲更改之外文姓名，若非中文姓名音譯、或要改特殊姓名者，需繳舊護照或證明文件。

■ **2吋照片1式2張**：需為6個月內拍攝之彩色、光面、白色背景、脫帽、露耳、正面半身照片。勿著軍警制服或戴墨鏡拍照。不可使用合成照

片。其實,去照相館拍照,只要告知是辦護照要用的,即可符合上述規定。

- **繳交舊護照(第一次辦則免)**:護照效期未滿1年者,即可更新護照。

- **男性請攜帶相關兵役證件**:證件為:已服完兵役、正服役中、或免服兵役證明文件正本。攜帶護照申請書、兵役證件,先到國防部或內政部派駐外交部領事事務局及各分支機構櫃檯,請人員在申請書上加蓋兵役戳記,再赴護照收件櫃檯遞件。尚未服兵役者免持證件,直接向上述櫃檯申請加蓋戳記。

- **辦理費新台幣1,300元**:護照辦理費是新台幣1,300元,取得繳費單後,請立即到銀行櫃檯繳費,並保留收據,以便領取護照(費用時有異動,請依最新公告為準)。

護照這裡辦

外交部領事事務局
- http www.boca.gov.tw
- ✉ 台北市中正區濟南路1段2-2號3～5樓
- ☎ (02)2343-2888

中部辦事處
- ✉ 台中市南屯區黎明路2段503號1樓
- ☎ (04)2251-0799

雲嘉南辦事處
- ✉ 嘉義市東區吳鳳北路184號2樓之1
- ☎ (05)225-1567

南部辦事處
- ✉ 高雄市苓雅區政南街6號3～4樓
- ☎ (07)211-6600

東部辦事處
- ✉ 花蓮市中山路371號6樓
- ☎ (03)833-1041

- 🕐 **開放時間**:週一～週五 (國定假日不上班)
  申請時間:08:30～17:00 (中午不休息)
- ℹ️ **工作天**:一般件為4個工作天,遺失補發件為5個工作天

* 資料時有異動,請以官方公布的最新資料為主

貼心 小提醒

護照上加註別名

　　如果你的護照與留學、遊學學校的入學許可上的名字不同時,可在護照上加註別名(also known as, AKA),以便日後通行。

行家祕技　出國前備妥,心安有保障

1. 請上外交部領事事務局的「旅外國人動態登錄」網站登錄個人出國的資料。假如你在國外真的發生了緊急的事情,駐外單位可以馬上從此得知你的詳細資料,並且通知相關人士盡快處理你的狀況。

2. 護照影本:多印幾張,放在不同的地方,若掉了護照,有份影本可以少掉很多麻煩,例如去警察局報案、去駐外單位辦理後續手續、去失物招領處詢問都可以直接拿護照影本。只需影印護照上有照片那一頁即可!

3. 照片:這個真的太重要了,事先準備幾張在台灣就拍好的大頭照,真的需要用到的時候不但省錢也省事。

4. 身分證或者其他證明文件,用於查驗你的身分。

5. 事先查好台北駐荷蘭辦事處的地址跟連絡方式。

6. 新台幣:至少400元以上,因為回到台灣機場入境之前會用到。

旅遊簽證

旅遊歐盟國家免觀光簽證

歐盟(European Union)於2010年12月22日,正

式宣布將台灣自需申根簽證國家改列為免申根簽證國家。

自入境申根國家之當日，即護照上第一次以免簽證入境申根國家之入境章戳日期起算，於6個月內，單次或多次短期停留累計總天數不得超過90天。原則上不得直接在當地延期，除少數特別情形如天災、重病等，需向當地警察機關出示相關證明文件者或可例外，仍應依法在停留期限屆滿前離境。

免簽證停留期間可從事包括訪問、觀光、探親、洽商、會議、受訓、參展、求學等短期活動。若要更改停留目的或延長停留時間至90天以上，得先行出境回到台灣，並向駐臺機構或領使館申請簽證。

適用免簽證的歐洲35國

■ **歐盟申根會員國(25國)**：法國、德國、西班牙、葡萄牙、奧地利、荷蘭、比利時、盧森堡、丹麥、芬蘭、瑞典、斯洛伐克、斯洛維尼亞、波蘭、捷克、匈牙利、希臘、義大利、馬爾他、愛沙尼亞、拉脫維亞、立陶宛、冰島、挪威、瑞士。

■ **歐盟非申根會員國(3國)**：羅馬尼亞、保加利亞、塞浦路斯。

■ **通用免簽的其他國家／地區**：列支敦斯登、梵蒂岡、摩納哥、聖馬利諾、安道爾、丹麥格陵蘭島(Greenland)與法羅群島(Faroe Islands)。

學生居留簽證

大多數國家的人都需要簽證，才能以學習的目的進入荷蘭。簽證是一張貼在護照上的貼紙，可於荷蘭在台辦事處簽證組取得，但須事先申請。若你預計在荷蘭停留不超過3個月，請申請觀光簽證。若預計停留超過3個月，則需申請短期居留簽證(MVV)及居留證(VVR)。

一旦確定好前往留學的學校，最好趁早開始辦理簽證，提早上網預約辦理，如此便有充裕時間處理預訂機票、訂位、結匯等事項。若時間倉促，最遲應在出發2週前申請簽證，以免萬一有問題，還有時間補救。辦理簽證，可本人自辦，或請他人、旅行社代辦，但辦事處可能因特殊因素，要求本人親自面談。

工作居留簽證

申請方法及需備文件：www.nfia-taiwan. com/faqfront-mvv.html。

若有計畫在荷蘭工作居留3個月以上並具中華民國國籍之身分，需申請短期居留簽證(MVV)與工作證(Work Permits)。如具雙重國籍者，可洽荷蘭在台辦事處簽證領事組詢問。荷蘭核發居留簽證的主管機關為荷蘭法務部移民局(IND)。

我國人民也可先向荷蘭在台辦事處申請在荷短期居留簽證(MVV)，並由在荷雇主向荷蘭勞工單位(CWI)申請外籍勞工工作證(Work Permits)。荷蘭在台辦事處於接獲申請文件後，將移交給荷蘭IND，如文件齊全且符合規定，IND將向荷蘭雇主要求提供進一步資料。如IND同意上述申請，將核發簽證並交由荷蘭在台辦事處轉發。

取得居留簽證(MVV)後，即可入境荷蘭工作6個月，你必須在入境荷蘭3天內，向居住地之IND報到，再以MVV申請轉換居留證(Residence Permit)，原則上居留證核發效期為1年，得申請展延，每次效期為1年。

荷蘭外商投資局僅服務台商投資荷蘭相關事務，如須進一步了解簽證資訊，請洽「荷蘭在台辦事處簽證領事組」。

＊以上參考資料來源：荷蘭外商投資局——台北Netherlands Foreign Investment Agency)

留學、工作居留證這裡辦

荷蘭在台辦事處
Netherlands Office Taipei
- http www.nl.org.tw
- @ ntio@ntio.org.tw
- ✉ 台北市信義區松高路1號13樓之2(遠雄金融中心)
- ☎ (02)8758-7200
- FAX (02)2720-5005

荷蘭生活資訊分享看這裡

　　以下網站提供在荷蘭的衣住行育樂等相關資訊。也有不少台灣人分享求學及生活經驗，可以參考。若有疑問，可上網尋求熱心的網友的協助。自助家遊學網則提供了前往荷蘭留學必須準備的考試、證件、申請學校及科系輔助，類似留學代辦中心。

台灣人在荷蘭! Public Group
- http www.facebook.com/groups/160891210629746/

荷蘭世華社群網
- http www.erva.nl

荷蘭留學代辦諮詢
- http goal-share.com/study-in-netherlands-2
- http www.tlcc.com.tw/netherlands.html

＊資料時有異動，請以官方公布的最新資料為主

貼心 小提醒

打工度假新規範

　　外交部已與荷蘭簽署《台荷度假打工瞭解備忘錄》。自2020年4月起，雙方每年開放100個名額，18歲至30歲的青年都可申請。荷蘭青年也可申請來台停留180天期限簽證，並可延長一次180天。相關資訊及申請辦法請洽外交部。

行家祕技

短期居留證MVV

　　申請對象為已經拿到荷蘭入學許可的台灣學生或前往荷蘭工作者。取得居留證前，可憑有效之MVV(效期6個月)進出申根國家。待拿到居留證後，即可合法在有效期限內居留荷蘭，亦可憑此居留證旅行其他申根國家，最長6個月內停留90天。

- **PHD(博士班)**：學生，居留時間超過3個月。
- **申請方式**：抵達荷蘭後，經由學校協助申請／換發居留證，繳交學校要求的所需文件(一般而言為認證後之出生證明、財力證明、單身／結婚證書，請先在台灣備齊)，即可進行申請。

說明與注意事項：

- 收到入學許可後，將學校要求的文件寄到荷蘭，透過學校向荷蘭移民局IND申請MVV和VVR。請在取得入學許可後即刻申請！
- 由學校替你向IND遞件提出申請，等IND核准後，他們會通知NTIO，屆時你再攜帶護照跟一些其他必要文件於NTIO台北辦公室受理時間親自前往領件，留下護照及文件，3個工作天之後就會收到NTIO通知。
- 每個學校要求的文件可能略有不同，務必和學校確認好要準備哪些文件。
- 待簽證組或學校告知MVV已許可再進行機票開票或旅遊安排，以免時程無法配合。MVV核准及相關時程全由IND決定，送出申請時請確定文件無誤並耐心等候。

國際駕照

租車旅遊必備

到國外如果想租車旅遊，絕對要先辦好國際駕照！由於我國駕照現已無需換發，有效期間屆滿後，仍屬有效，但國際駕照的期限會和你的本國駕照期限相同。意即：如果你的本國駕照快到期了或已到期，建議先換新，再辦國際駕照較妥當。目前新版駕照上的有效欄以「－」表示無期限。

＊申請國際駕照細節請洽各縣市監理所

貼心 小提醒

台灣駕照要一起攜帶出國

記得要連本國駕照一起帶，因這才是正本，國際駕照是譯本。2本都秀出來，就沒問題。

國際青年證IYTC

26歲以下專屬，效期1年

此卡由國際學生旅遊聯盟（IYTC）所發行，即使你不是學生，只要是未滿26歲的青年男女都可以辦理，效期1年。持卡買機票多半享有折扣，在許多國家都可以享有門票、交通票、購物折扣等。

＊圖片來源：www.kilroy.net/planning/isic-iytc-itic

國際學生證ISIC

學生專屬

只要具學生身分（準留學生，可持國外入學許可影本）皆可辦理，這是受到國際認可的學生證明文件。持卡享有優惠如：買機票、景點門票、電影及交通票等。

＊圖片來源：www.isic.com.tw/jsp/tw/home/ch/apply-for-card.jsp

貼心 小提醒

9月分以後辦較划算

此卡的期限是辦理該年的9月1日起至隔年12月31日止。9月分以後辦理比較划算；如果在9月以前辦理，就只能用到該年年底。

YH青年旅舍卡

任何人都可辦，效期1年

想入住青年旅舍省旅費嗎？此卡好處多，而且辦理無年齡限制（12歲以下不需辦理）。YH青年旅舍卡有效期限是1年。每一個國家的YH青年旅舍卡長得都不太一樣，但一定都會有藍色三角形標誌。

＊圖片來源：www.yh.org.tw/page/about/index.aspx?kind=9

國際青年證 V.S. 青年旅舍卡

國際青年證(IYTC)和青年旅舍卡(YHA)基本上都是全世界通用,但優惠部分有些許不同(依國家而有所不同),可依年齡及個人需要選擇申辦。

	年齡限制	範圍限制	費用限制
國際青年證	30歲以下(只要年滿就不能使用)	不適用於YHA體制內的青年旅館	費用400元,1年效期,從申辦日起算,需證件及護照上的英文姓名
青年旅舍卡	無年齡限制	於全世界YHA體制內的青年旅館皆可使用,享有至少9折優惠	費用600元,1年效期,從申辦日起算,需證件及1吋照片

四大證件這裡辦

國際駕照
- ✉ 各縣市監理處
- 💲 新台幣250元
- 🕙 當天申請,當天拿到
- ℹ 所需文件:護照、駕照、身分證、2吋照片2張
  注意事項:若有交通違規罰款案件沒處理,無法申辦國際駕照

國際青年證 / YH青年旅舍卡 / 國際學生證
- ✉ 社團法人中華民國國際青年旅舍協會YHA
  Taiwan:台北市忠孝東路2段39號2弄7號1樓
- 📞 (02)2331-1102
- 🌐 www.yh.org.tw
- @ ctyha@yh.org.tw
- 💲 國際青年證&國際學生證新台幣400元
  YH青年旅舍卡新台幣600元

國際學生證另一申辦處
- ✉ 財團法人康文文教基金會
- 🌐 www.isic.com.tw/jsp/tw/home/ch/index.jsp

台北辦事處
- ✉ 台北市忠孝東路四段142號5樓504室
- 📞 (02)8773-1333

台中辦事處(委由金展旅行社代辦)
- ✉ 台中市中港路一段185號7樓之2
- 📞 (04)2322-7528

高雄辦事處(委由鋼友旅行社代辦)
- ✉ 高雄市前金區中華四路282號3樓
- 📞 (07)215-8999

＊以上證件可親洽辦理或選擇線上／郵寄方式申辦

＊資料時有異動,請以官方公布的最新資料為主

貼心 小提醒

開通信用卡「海外預借現金」功能

信用卡,有預借現金功能。出國前,請向銀行申請,並索取密碼。以防金融卡萬一無法提款,一樣可以在標有「Master Card」或「Visa」等信用卡標誌的自動提款機借現金。不過,利息較高,要謹慎使用。

記得,請將信用卡、金融卡的海外緊急掛失救援電話記下來。若是不慎遺失,可在第一時間辦理掛失等手續。

要先做的功課

機票・住宿・(跨國)提款・行李打包。

機票

上網多比價找便宜

如果你決定全程自助行,不考慮「機+酒」方案,那麼首先就要先解決買機票的問題。你可依照旅遊天數、預算和欲前往目的地,上網找機票。如果你是學生,別忘了,學生購買機票都有特惠價格。若是兩人以上結伴同行,通常也會有優惠方案。

有很多機票量販網站,都標榜自家價格最便宜,這時得費點時間比價,像是ezTravel易遊網、ezfly易飛網、ZUJI足跡、燦星旅遊等等,看看哪一家的價格、時間,比較合乎你的需求。

機票網站比一比

ezTravel易遊網
http www.eztravel.com.tw

燦星旅遊
http www.startravel.com.tw

ezfly易飛網
http www.ezfly.com

玉山票務中心
http m.ysticket.com

101旅行社
http 101vision.com/super

學生機票(金展旅行社)
http fit.goldtravel.com.tw

＊資料時有異動,請以官方公布的最新資料為主

住宿

網路訂房超方便

網路訂房相當便捷,訂房後會收到電子確認信函,把這封信印出來,就能在申請觀光簽證時,方便在表格上填寫落腳處(直接填寫到達荷蘭第一晚住宿的旅館),也可一併附上當作資料證明。關於住宿點的選擇可參考本書「住宿篇」,了解各式各樣的荷蘭住宿形態與相關介紹。

提款

善用「跨國提款」功能

利用金融卡從當地的提款機(ATM)提領歐元,最為方便。荷蘭當地多家銀行都接受海外提款交易,像是ING Bank、ABNAMRO、Rabobank等。

「跨國提款」需手續費(依提領金額的百分比來扣,每家銀行計算方式不一),但的確可解決身上帶太多現金的憂慮,也免去需兌換太多貨幣的困擾。想跨國提款,你得在出國前做兩件事:

■確認你的金融卡背面,有沒有國際聯合提款標誌,例如:「Maestro」、「Cirrus」。

■向銀行申請開通「跨國提款」的服務功能。

行家祕技 付款方式解析

■**Cash**：現金付款。

■**Pinpas**：使用當地銀行開戶的金融卡，又
稱betaalpas，等
同Debit Card /
Maestro。

■**Credit Card**：
信用卡。在荷蘭，一般商店和超市都不接
受信用卡付款。

■**APP感應支付**：
UPay、Apple Pay、EasyPay及街口支付
等，這類型的付款方式已相當普遍。

教你使用ATM提款機

以阿姆斯特丹為例，所有原本由
各家銀行所屬提供的提款機，均改
由黃色微笑標誌的「Geld maat」
來支援提 / 存款服務。

提款步驟 Step by Step

Step 1 插入卡片，選擇語言

Step 2 輸入密碼：
輸入後按GOED鍵

交易明細單取出口

卡片插入、取出口

操作螢幕顯示

現金取出口

如遇機器故障等問題，請
撥打上面指示的電話並告
知標示上的英文代碼

Step ③ 選擇提款功能

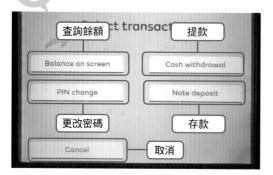

查詢餘額　Balance on screen
提款　Cash withdrawal
PIN change
Note deposit
更改密碼　PIN change
存款　Note deposit
Cancel
取消　Cancel

Step ④ 選擇提款金額：每次提領面額最少為10歐元

選擇提款（Cash withdrawal）後，畫面上會出現金額選項，可直接點選。如果沒有你想要提領的金額，可點選Other amount Note mix（選取其他金額或鈔票面額）自行輸入，輸入金額後請按GOED鍵，接著機器會詢問面額的需求。比如：先輸入40歐元後按GOED鍵，再選擇面額2張10歐元和1張20歐元。

Step ⑤ 取回卡片並領取單據

機器吐鈔及領鈔後，別忘了取回卡片並領取交易單據。

貼心 小提醒

超市最容易找到ATM提款機

目前在荷蘭，銀行周圍已不再設有ATM提款機，街道上要找到提款機不是容易的事，所以如果臨時需要提款，建議最好直接前往大型超市，只有在大型超市內一定會有提款機，例如Albert Heijn。

留意提款服務開放時間

基於安全考量，所有市區內的提款機於深夜23:00～隔日早上07:00暫停提供提款服務。如需現金，請提早辦理。此外，要記得超市的營業時間只到晚間22:00。

▲ 提款機畫面顯示目前暫停服務

付款方式解析

辨明店家可接受的付款方式

如果在店家門口或是結帳櫃檯看到此標誌，表示這間店或這個結帳櫃檯只接受簽帳金融卡（含Maestro）付款，不接受現金。

行李打包

大旅行箱、中型後背包、小型隨身背包。

行李打包有訣竅

背包選擇建議

如果你的旅遊天數超過1週，最好準備稍大一點的旅行箱，和適中的後背式背包。行李箱內以放置衣物、日常用品、旅遊紀念品等為主。同時準備一個小的、隨身的空背包。在荷蘭境內旅行，如果是以阿姆斯特丹為根據地，前往其他城鎮一日遊，可在後背式背包內放進：折疊式雨衣、日用品、筆記本、筆、地圖、旅遊書等；歐洲天候，早晚溫差大，可以帶一些能隨時添加的衣物。貴重物品一定要隨身攜帶，放在隨身小背包裡。

重量規定

一般而言，提供歐洲飛航服務的航空公司通常規定：託運行李的總公斤數為20公斤，上限是23公斤。以自助旅行來說，不管你是前往一個或多個目的地，行李越簡單越好，打包後也許可用自家體重計先秤秤看，不然，超重費可是非常昂貴！

▲ **託運行李的公斤數不要超過20公斤** (圖片提供／林孟儒)

貼心 小提醒

衣物穿著

打包衣服時，可攜帶比較舊或是即將要丟的衣物，等到要回國、出境前，直接就留在旅館丟棄。如此便可騰出行李空間，放旅途中購買的紀念品，或是減輕重量負擔。

攜帶品規定

自2007年3月起，所有搭乘歐美航班之旅客，若要隨身攜帶液體、膏狀、膠狀、噴霧類等物品，單一容器不得超過100ml(毫升)，上述物品都應裝在1公升以內的夾鏈透明塑膠袋，每人以1只為限。若是裝在託運行李，則不受限制，如有任何疑問，最好向航空公司洽詢。

若在旅行中需使用特殊物品，例如嬰兒食品或藥物，應向安檢人員申報，獲得同意後，才可隨身攜帶登機。至於在管制內的免稅商店、或機艙內購買的「液膏膠狀噴霧物品」，例如瓶裝飲用水、香水、化妝品等，必須經過檢視或籤封，防止掉包，裝在塑膠袋內；必要時，需出示有效購買證明。

行李檢查表

✓	物品	說明
隨身行李(側背包+後背包)：證件、金錢和相機等貴重物品，必須隨身攜帶，最好分開藏放。		
	護照	有效期限，至少要6個月以上。把護照、機票、駕照、要帶的信用卡各複印2份，1份隨身攜帶，1份留給國內親友。正本及影本要分開放。若正本遺失，有影本可提供警察局或駐外辦事處查驗補辦。另外用數位相機先拍下來，寄到自己的電子信箱，以留備份。
	簽證	確定起訖時間是否涵蓋所有將前往的申根國家停留時間；若前往非申根國家，必須另申請該國簽證，同時影印備份。另外用數位相機先拍下來，寄到自己的電子信箱，以留備份。
	機票	現在一般都使用電子機票，如果是在網路上訂的機票，最好列印2份。上網劃位辦理登機之後，最好列印2份登機證。一份放在身上，另一份可放在隨身行李。如果不小心掉了，還有備份。
	信用卡	＊最好準備2張。建議向銀行確認可跨國刷卡和海外預借現金功能，並向銀行索取密碼，記錄在隨身攜帶小冊上，以免忘記。(順便抄下發卡銀行電話、海外緊急掛失電話) ＊在隨身攜帶的信用卡上，註明最高使用金額，以免超額使用。曾有人因超額使用，被疑為詐騙，而遭逮捕。 ＊此外，出國前應向信用卡發行公司查詢，若在國外遺失信用卡，如何報失作廢。
	提款卡	建議向銀行確認可於海外提款機提領當地貨幣 (例：maestro卡)。
	國際駕照	如果你準備在當地租車，請事先申請。
	國際證照	出發前2週先辦好：國際學生證、國際青年證、青年旅館證，以免來不及拿到證件。
	海外旅遊保險救助	＊可向各保險公司依旅遊天數，申辦海外旅遊保險，並清楚了解提供的急難救助方式。例如：查明這份保險，是否包括在國外財物被竊或遺失、理賠金額、是否可支付出國旅行期間之醫藥費用等等；否則可考慮購買綜合保險。 ＊若刷卡買機票，銀行都會提供8百～1千萬的旅遊保險，不過，刷卡前最好先詢問發卡銀行是否提供這項優惠。
	證件大頭照	準備好2～3張大頭照，以利在國外需補辦證件之用。
	相機	檢查相機有無故障問題，可輪換替用的電池、充電器是否正常。最好攜帶足夠容量的記憶卡，以免記憶體不夠，必須刪除部分照片，或得在當地另購記憶卡，且國外的記憶卡、電池價格都較昂貴。
	手機	使用3頻以上的手機，需向電信公司申請漫遊服務，並且抄下電信公司服務電話。請檢查手機有無故障問題，可輪換替用的電池、充電器是否正常。告知親友你的聯絡號碼，並以簡訊報平安。
	零錢包、現金	歐元貨幣中有不少小額的零錢，像是1毛、2毛，荷蘭大部分商店都不收。零錢、信用卡、大額紙鈔都分開放，也可分散風險。
	筆 / 筆記本 / 小冊子	2支藍色按壓式原子筆，可記錄行程、心情遊記，可記下親友通訊錄、重要電話事項。
	旅遊導覽書、地圖	附帶地圖的旅遊書；若嫌太重，可把重要章節影印1份帶著。
	口罩、防疫用品	包含口罩、快篩劑、消毒酒精攜帶瓶等，搭機及配合當地規定，避免受病毒感染。
託運行李(旅行箱)：目前規定100毫升以上液膏膠狀物，不能隨身帶，要放行李箱。		
	衣服 / 鞋子	＊外衣：秋冬，帶防寒外套及毛衣；旅館雖提供暖氣，但需提防室內外冷熱溫差大而感冒。夏天，旅館有空調但沒冷氣，最好穿著簡單、吸汗又透氣的衣服。內衣褲(可攜帶免洗褲，用完即丟)。 ＊襪子：不要太厚，洗完較容易乾。鞋子：1雙輕便的拖鞋，1雙乾淨、輕巧好穿又不失大體的鞋子。 ＊帽子：秋冬，帶保暖毛線帽、圍巾、手套；春夏，帶遮陽帽。 ＊太陽眼鏡：防曬遮陽。手錶：記得調成當地時間。 小提醒：以上依個人所需和季節而定，衣服攜帶3套替換即可，不要帶太多。
	毛巾、洗髮 / 沐浴乳	一般青年旅館或2星旅館，不太提供盥洗用品。
	乳液、保養 / 化妝品	防曬、保養乳液、護唇膏。(依個人需要而定)
	洗衣粉	可裝在透明小塑膠袋、或到當地購買。若旅行時間較長，或在當地遇上天氣不好、衣服不易晾乾情況，可使用旅館提供的付費洗衣機、當地自助洗衣店。一般青年旅館或2星級旅館，較無此服務。
	折疊式雨衣	荷蘭風大多雨，雨衣會比雨傘更適用。
	餐具 / 保溫瓶	輕巧的便當盒(內含塑膠製湯匙、刀叉、筷子、抹奶油刀、馬克杯等餐具)，吃沙拉、吃麵包、塗果醬、吃冰淇淋、吃泡麵等等都用得到。保溫瓶，可將泡好的熱咖啡或茶倒入，隨身帶著喝。
	金屬利器	瑞士刀，購買罐頭食品可派上用場。剪刀、指甲刀、打火機，都要放在託運行李，不能隨身帶。
	藥品 / 生理用品	依個人需要而定，例如感冒藥、腸胃藥、萬金油等。也可在當地藥房或藥妝店購買。若有隱形眼鏡，則需帶足夠旅遊天數使用的藥水和隱形眼鏡盒。為避免通關時遭遇麻煩，最好把藥物放在原裝、附標示的瓶罐或盒子，同時攜帶醫生給的處方或藥物通稱。如藥物較特別、或含麻醉品成分，請攜帶醫生證明。 小提醒：對於攜帶藥物入境荷蘭是否合法，若有疑問，可事先洽詢駐華機構或我國駐外館處。
	較正式的服裝	適用於前往博物館、餐廳等較正式場合穿著。
	牙刷 / 牙膏 / 刮鬍刀	可攜帶旅行專用品。以輕型刮鬍刀，替代又重又需充電的電動刮鬍刀，但仍視個人習慣而定。
	萬用插頭&電源轉換器	若電器用品本身非附萬國插頭，則需帶電壓轉換器，不然只要帶轉換插頭即可。

機場篇
Airport

抵達機場後，如何順利入出境？

從即將踏出國門那一刻起，該如何辦理搭機、中途轉機、
抵達荷蘭該如何辦理入出境，統統文圖並茂告訴你。
還介紹荷蘭史基浦機場的各種服務設施，讓你入出境不忙亂。

它是歐洲第四大國際機場，曾多次獲選為全球最佳機場，空間設計很時髦，寬廣自在。

全球最佳機場

史基浦機場（Schiphol），僅次於倫敦、巴黎、法蘭克福，是歐洲第四大國際機場，每年進出旅客超過4千萬人次，從台灣飛往歐洲各國的航線，幾乎都在此轉機。機場空間設計十足都會感，寬廣自在，旅客出境入境，仍像在城市中旅行。頗受旅客好評的史基浦，曾多次贏得權威單位獲選為全球最佳機場。

http www.schiphol.nl

有博物館、圖書館、賭場、公園&Spa

荷蘭國立博物館史基浦分館，是全球第一個設在機場的博物館，讓旅客在候機轉機時，也能欣賞荷蘭的藝術珍品。此外，史基浦機場也是目前歐洲唯一擁有賭場（Holland Casino）的國際機場。

而Mercure Schiphol Terminal旅館，是全荷蘭獨一無二位在機場海關內的旅館，33間客房皆以全球各主要城市命名。此外，史基浦更是首座將圖書館納入設施的機場，讓喜愛閱讀的旅客也能在候機的時候享受閱讀。

▲ 史基浦機場，以打造一座城市的概念來設計，設施俱全

圖書館位於通過海關後的Holland Boulevard，而且是提供24/7服務的喔！此外，鄰近圖書館還有一個非常適合親子在這裡玩耍的NEMO科學博物館。和市區的比較起來，這間當然是迷你版。開放時間為09:00～17:00。而在機場的Lounge 2&3和De Pier區還提供美容按摩療程的XpresSpa，每天開放，服務時間07:00～21:00，不需要事先預約，時間長度也可以自己選擇。

除了把博物館、圖書館帶進機場之外，芬多精也一塊兒飄進了機場。這是一座小型的綠色公園，位於機場的Lounge 1。旅客們可以使用公園裡的躺椅，好好在這裡放鬆閱讀，或打個小盹兒，同時享受新鮮的空氣，儲備體力。開放時間為09:00～17:00。

購物廣場擁有超過40家商店及餐館。史基浦機場網站甚至提供網路預購服務，旅客可先上網挑選商品，班機起飛前，再到機場資訊服務處付款提貨。更有網路中心、兒童娛樂室、會議中心、禱告室等設施。

完善的機場設施

機場入境大廳(Schiphol Plaza)設有資訊服務台,若有任何旅遊、交通、協尋等需要,都可請教櫃檯服務人員。除此之外,少不了最基本的退稅、匯兌、手機預付卡服務站、藥房,以及市區旅館巴士接駁;同時貼心想好好放鬆的旅客,提供沐浴、Spa和洗頭剪髮的服務。當然,最主要的還是在機場用餐及購買免稅商品,入境大廳設有不少一般少見的品牌專櫃,像是義大利彩妝品牌Kiko、荷蘭連鎖書店AKO、荷蘭自創身體保養芬香氛品牌Ritual、女性內/泳衣品牌維多利亞的祕密、荷蘭生活用品店HEMA和雜貨店(可修鞋、購買郵票、小型紀念品等)。

飲食方面:星巴克、漢堡王、薯條店、荷蘭最大連鎖超市Albert Heijn、連鎖餐廳La Place(沙拉、披薩、三明治及亞洲快炒),英國速食連鎖店LEON: Natually Fast Food、Amsterdam Bread Co.麵包店、Per Tutti披薩、Mood餐廳、Happy

貼心小提醒

建議在台灣先辦妥訂房、匯兌

如果你的班機抵達時間是在清晨05:30～06:30,此時,機場各項服務大多尚未開始,建議你,把一些可在台灣先辦妥的事情打理好,例如訂房、匯兌等。例如訂房、手機漫遊、匯兌等,可節省不少時間。

防疫警訊

因應疫情,機場通關流程可能略有調整,抵達當地機場時,請留意現場公告。

遇上航班被取消,如何應變? 重要!

● 隨時注意航班異動資訊
● 於規定的時間抵達機場
● 詳細了解後續索賠條件
● 與家人、朋友和公司保持聯繫
● 盡量穿著輕便的衣鞋候機(你可能面臨數小時的等候時間)
● 查詢機場周邊的旅館是否還有空房

豆知識

史基浦機場亂象

自疫情解封以來,史基浦機場便面臨了空前的絕境。上千航班被取消,環繞整個機場的人龍已是機場的日常景象。而這樣的場景至今沒有緩解。「不時仰望著航班時刻表、直接席地而睡、憤怒飆罵卻又無所適從、有家歸不得,有假去不成,丟失的行李還原封不動留在客艙裡領不到!」—這就是旅客的心情寫照。

為什麼一個歐洲數一數二的機場會變成如此?主要原因還是「人員的短缺」。在過去3年期間,不管是航空公司或是機場本身,都必須減班和裁員,節流以求生存。然而,當歐洲各國的邊境限制幾乎完全解除,悶壞的民眾搶買機票,航空公司超賣機位,即使因通膨而狂漲的價格也難以阻擋出國旅遊的渴望。這下問題來了!沒有足夠的地勤、機組人員、行李人員、保全海關的機場,要如何應付這成千上萬來自本地和世界各地的旅客?史基浦機場承諾會盡力改善這個混亂的局面,但是計畫趕不上進度,目前仍有300個職位空缺尚未填補。

這場有史以來最嚴重的人員不足問題,重挫荷蘭的國際形象,荷蘭人更識之為國恥。而機場能否恢復到大流行前的水準還有待觀察。因此,不管你是前往荷蘭旅遊,或是剛好要在史基浦機場轉機,都要有很強壯的心理準備。

Seafood海鮮店、健康美食販賣機（Health Food Wall）等。不管你是前往搭機或剛下飛機，不趕時間的話，都很值得吃吃、逛逛走走。

 www.schiphol.nl/en

入境樓層設施

匯兌
Foreign Exchange

機場有多個兌幣的銀行服務處。若你想多換一些歐元，在機場換匯率會比市中心好。當然，建議還是先在台灣換好。

歡迎布條販賣機
Banner Machine

這台機器或許旅客會用到的機會不多，但是對於前來接機的親朋好友，其實很貼心。機器提供不同款式的布條讓你挑選，而你也可以自行設計布條的圖案和內容！待圖案選定或完成之後就可以輸入你想要表達的字樣。比方：Welcome Home, Mike！、I miss you so much！輸入完後按下付款，機器就會為你印製出量身訂做的布條。

布條有分長短，價格在3.95～14.95歐元之間不等。買一條帶回家當作紀念品也不錯！如果你的旅伴會前往荷蘭和你碰面相約一道去旅行，也許可以買個小布條來迎接他，給他一個驚喜！

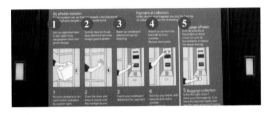

置物櫃服務
Baggage Lockers

在史基浦機場出境大廳接機會面處設置有大型置物櫃。每24小時收費7歐元。操作方式如下：

Step 1 先將行李放入置物櫃。置物櫃門打開時旁邊的小燈是綠色的。

Step 2 待行李放妥之後，將門關上，綠燈會轉換成紅燈。

Step 3 付款。

Step 4 完成付款之後，請取出條碼單。

Step 5 提領行李：掃描條碼單後置物櫃會開啟，如果你放置超過24小時，必須先繳付超時費用，才能打開置物櫃並領取行李。

旅遊服務處
I AMSTERDAM Visitor Center

提供相關旅遊諮詢服務，包括：預定旅館、各種旅遊行程、地圖、販售各式旅遊卡，還可利用

觸控式資訊服務機查詢到你想要的資料。

✉ 位於史基浦機場入境大廳2號

🕐 週一～日 07:00～22:00

 ## 旅館巴士服務
Connexxion

位於出境大廳4
號（Arrival Hall 4）
。可在此查詢你預
訂的旅館有沒有接
駁巴士服務，或搭
乘巴士前往市中心
及庫肯霍夫花園，
詳情請見P.57。

 ## 急救護理
First Aid

如果你需要緊急護理協助，機場也為乘客設立
了護理室。

 ## 機場無線網路
Wi-Fi

史基浦機場提供旅客無限時間免費的無線網
路。毋需密碼。於史基浦購物廣場（Schiphol
Plaza）及出境大廳Lounge 1、2、3、4處均設有網
路區（Internet Zone）。

 ## 休息室
Lounges

假如你需要轉機，但離轉機還有一段時間，不
妨到休息室裡放鬆心情，舒展搭機疲勞的筋骨，
喝杯飲料，閉目休息一下。

 ## 醫療服務
Medical Service

位於出境大廳2號。如果行
動不方便有使用輪椅的需
求，可至Assistance區，透過
對講機洽詢。

 ## 警察局
Police

位於Schiphol Plaza出境大廳，正好在人工火車
售票隔壁。若遺失財物或遇急難事件，機場警察
局可提供協助。重要證件遺失，請至2樓出境大
廳警政處協尋。

出境樓層設施

賭場
Holland Casino

這是歐洲目前僅見設於國際機場的賭場，就位在E和F登機門之間，開放時間07:00～21:00。提供21點、輪盤、角子老虎等遊戲。若離登機還有一段時間，想把旅費賺回來，可來試試手氣！

博物館
Rijks-museum

這是阿姆斯特丹國立博物館史基浦分館（Rijks-museum Amsterdam Schiphol），就位在機場的荷蘭大道（Holland Boulevard）上，E和F登機門之間。展示許多荷蘭重量級大師作品，如梵谷、林布蘭、維梅爾等。不定期換展。開放時間07:00～20:00。免費入場。

＊圖片提供：www.benthemcrouwel.nl

開放式休息區
Panorama Terrace

位於2樓出境E大廳附近，旅客登機前，可在此候機、看書、休息。周圍還有餐飲咖啡店、酒吧、書店和紀念品店。從此處觀看飛機起降，視野最佳。

自助辦理登機手續
Self-Service Check-in

航空公司為了節省旅客提前到達機場辦理登機手續的時間，提供了電腦與自動化的服務，讓旅客可以自行在網路預辦登機。可是如果不巧遇到無網路的環境，或是攜帶了大件行李需要託運，還是得靠機場櫃檯人工辦理。

如果找不到地方列印你的登機證，或是無法上網辦理登機怎麼辦？不管是在出境或是入境大廳，史基浦機場均設置了數台黃色和藍色的自助式辦理登機站，旅客可自行辦理登機。辦理方式非常簡單。使用步驟如下：

1 Step　先觸控螢幕，選擇繁體中文。

機場篇

2
Step

輸入電子機票號碼或機票訂票代碼,或者將護照(照片面朝下)插入指定位置(使用航空公司會員證也可以),然後輸入前往的目的地名稱,接著班機資料就會顯示在螢幕上。

3
Step

選擇你的機位(如果事先預辦登機時,已選擇且不更換座位,可跳至下一個步驟,若要付費升等機位也可在此步驟辦理)。

4
Step

列印出登機證,即完成Check-in手續。

貼心 小提醒

也可前往人工櫃檯辦理登機

　　如果不諳機器操作、所搭乘的航空公司未提供自助辦理登機的服務,或是無法透過自助式登機站辦理登機,請前往出境大廳的人工櫃檯辦理登機。

提供自助登機手續的航空公司

Air Canada、Air Transat、Airzena Georgian Airways、ArkeFly、BMI baby、British Airways、Cabo Verde Airllines、China Airlines、Croatia Airlines、Corendon Airlines、Fly Air、Iberia、Jet2.com、KLM Skyteam、Lufthansa、VLM Airlines、LOT Polish Airlines、Onur Airlines、Royal Air Maroc、Scot Airways、Sky Europe、 Sterling European Airlines、Thomsonfly、Transavia、Wizz Air

行李自助託運機

　　此外,大多數的機場行李託運還是由櫃檯地勤人員處理,史基浦機場的荷航櫃檯近來提供了另一個「行李自助託運機」。只要依照螢幕上的圖示說明操作,即可自行託運行李。不過,有些旅客對機器怕生,或是行李超過件數限制或重量限制,最後還是得由人員處理。

 Step 2 接著螢幕上會顯示你的班機資料，確認無誤後請點選「是」。機器會立刻列印出你的行李託運標籤。把標籤貼紙撕開，環繞貼好在你的行李握把上。

但是既然有這樣的服務，不如就按照機器指示操作步驟試試看，機器在完成X光檢查之後，就會列印出行李條，你只要取下行李條貼在指定的行李位置，讓機器再一次檢查，無誤後就會自動進入輸送帶，便完成全部的自助登機手續，完全不用依賴地勤人員。使用步驟如下：

 Step 1 將行李放進託運櫃中，然後在螢幕上選擇「漢語」，掃描登機證上面的條碼。

Step 3 完成後，機器會自動關閉，這樣就完成託運，旅客可前往護照查驗閘口。

貼心 小提醒

自助託運方便又迅速

如其實只要行李件數和重量沒問題，整個過程快速又方便，比透過地勤人員服務的時間還快。假使這項服務持續普遍化，航空公司又可以精簡人力，把辦理登機的工作都移交給這台機器！

其他重要機場

荷蘭還有其他小機場，以聯絡境內及其他歐洲國家航線為主。

4個重要的小機場

　　最常為旅客使用的小機場為：鹿特丹海牙機場（Rotterdam The Hague Airport）、安多芬機場（Eindhoven Airport）、荷洛寧恩機場（Groningen Airport）、馬斯垂克亞琛機場（Maastricht Aachen Airport）。這幾個小機場的航線，多半前往東歐、義大利、奧地利、英國、愛爾蘭、法國、西班牙、葡萄牙等歐洲國家。在這些小機場起降的低價航空公司包括Easy Jet、Ryan Air、Transavia Air等。

　　如果你利用荷蘭當地的量販機票網站，購買飛往歐陸國家的便宜機票，網站上會告訴你航班從哪個機場出發。例如，前往義大利的小飛機多由鹿特丹海牙機場出發，前往英國的小飛機則通常從安多芬機場起飛。訂票時請特別留意，別以為都從史基浦機場出發喔！

機場資訊看這裡

安多芬機場 Eindhoven Airport
🌐 www.eindhovenairport.nl
@ info@eindhovenairport.nl
ℹ️ 聯外交通：巴士401號←→安多芬火車站

**鹿特丹海牙機場
Rotterdam The Hague Airport**
🌐 www.rotterdamthehagueairport.nl
@ info@rtha.com
ℹ️ 聯外交通：巴士33號或地鐵E號←→鹿特丹中央火車站

荷洛寧恩機場 Groningen Airport Eelde
🌐 www.groningenairport.nl
@ info@gae.nl
ℹ️ 聯外交通：巴士9號←→荷洛寧恩火車站

馬斯垂克亞琛機場 Maastricht Airport
🌐 www.maa.nl
@ info@maa.nl
ℹ️ 聯外交通：Arriva巴士30號←→馬斯垂克巴士候車站月台F

＊資料時有異動，請以官方公布的最新資料為主

▲ 安多芬機場

▲ 鹿特丹海牙機場

▲ 荷洛寧恩機場

如何辦理出入境手續

Arrivals hall

除了荷航，搭乘其他航空都需分別在曼谷、香港等城市轉機。

從台灣出境

Step 1 前往登機櫃檯

搭乘歐洲航線，需於3小時前抵達桃園機場。請事先確認你搭乘班機的航空公司位於哪個航廈。進入機場，利用登機櫃檯指引看板，搜尋要搭的航班，辦理登機手續。

航班資訊　目的地　報到櫃檯

起飛時間

Step 2 辦理登機手續

備妥護照和機票交給櫃檯人員，並將行李放在櫃檯旁，秤重託運。接著你會拿到登機證，並被告知登機時間和登機門編號。登機證請務必妥善保管。也可以事先上網辦理登機劃位，到機場再辦行李託運。

BR75 往 曼谷/ 阿姆斯特丹
BR75 to BangKok/Amsterdam

航班資訊看這裡

Step 3 辦理匯兌和申辦保險

備辦好登機手續後，通常還有一些時間。若還沒辦匯兌、申請海外旅遊保險，都可在機場找到服務櫃檯辦理。

銀行/外幣兌換
BANK/CURRENCY EXCHANGE

外貨円替 Bank 外幣兌換 Foreign Exc

匯兌匯率看這裡

機場篇

Step ④ 前往出境處

前往出境處，需出示護照及登機證。

再次確認航班資訊

Step ⑤ 檢查隨身行李

將隨身行李，依人員指示放在X光查驗輸送帶上，做安全檢查，並通過安全檢查門。錢包、手機、項鍊、戒指等物品，也會被要求放進塑膠盒通過檢查。通過後，請確認是否拿回所有隨身物件。

Step ⑥ 前往登機門

前往出境處櫃檯，遞交護照蓋出境章，通過櫃檯旁通道，沿機場指標，前往登機門候機（登機證會標示在哪個登機門候機）。在候機室時，注意聽廣播通知登機。航空公司通常會讓商務艙、殘障人士，以及有小孩的旅客先登機。登機時，請出示登機證。登機時間至遲為飛機起飛前45分鐘，若當天旅客很多，排隊擁擠，最好提早前往登機門。

登機門資訊看這裡

登機證解析

Economy Class
Boarding Pass / 登機證

姓名 NAME	CHEN/YIHSHEN → 乘客姓名
啟程地 FROM 目的地 TO	TAIPEI TPE AMSTERDAM AMS → 啟程地和目的地
班次 FLIGHT 日期 DATE 起飛時間 TIME	BR 0075 08MAR 2315 → 起飛時間

** 共同班機 CODE SHARE FLT NO ** → 航班編號

登機門 GATE	登機時間 BOARDING TIME	
C3	2245	→ 登機時間

序號 SEQ NO	艙等 CLASS	座位 SEAT	
120	K	41G 🚭	→ 座位號碼

EVA AIR ✱ETKT✱

→ 登機門

貼心小提醒

列印或儲存登機證

完成上網辦理登機手續並收到確認email後，別忘了列印登機證，或儲存在手機裡。抵達登機門時，即可掃描登機證上的條碼或QR code。此外，購買機票時所收到的確認郵件，最好也列印下來攜帶在身上或保留在email信箱裡，以備不時之需。

Departure/vertrek	Arrival/Aankomst
Reykjavik (KEF)	Amsterdam (AMS)
Fri 15 12 2017	Fri 15 12 2017
07:40 uur	11:40 uur

Journey time/Reisduur	Booking class/klasse	Aircraft type/Vliegtuig
3u 0m	Economy	Boeing 767

Passengers/reizigers	E-ticket no / E-ticket nr	Baggage/Bagage
CHEN/YIHSHEN.MR	1085600262872	1x 23KG

	Total journey time/Totale reisduur: 3u 0m

▲ 將電子機票列印下來以備不時之需

中途轉機

飛往荷蘭和飛回台灣的國際航班除了荷航是直飛不用轉機之外,搭乘長榮、國泰航空或其他航空公司的班機必須分別在曼谷、香港或其他城市轉機。

Step 1 確認登機時間、登機門

班機即將飛抵曼谷前,空服人員會透過廣播,要求從曼谷繼續前往荷蘭阿姆斯特丹的旅客下機,並告知再次登機時間、登機門號碼。

Step 2 拿登機卡

抵達後,下飛機,你會再拿到一張登機卡,登機卡上有中文,且標示登機門編號。

貼心 小提醒

下機後,最好直接前往轉機指定登機門

在曼谷下機時,記得攜帶隨身行李,以免被機艙清潔人員處理丟掉。此外,建議下機後直接前往指定登機門,接受行李檢查,然後到指定登機門前的候機室等候,因為候機時間不過1小時!

Step 3 不需再辦登機手續

由於是搭同一架班機、同一個航班,所以再次登機也一定是同一班機,不需再辦理登機,託運行李也會運送到目的地,你只需前往指定登機門候機即可。若搭乘國泰航空則需在香港下機並轉搭另一架班機前往荷蘭。

Step 4 再次檢查隨身行李,等候登機

再次登機前,機場會再次檢查你的隨身行李。檢查完畢,找到登機門,等待廣播通知登機。登機時,出示護照和登機證,並交還登機卡。

入境荷蘭

Step 1 沿「入境」指標前行

下飛機後,先抬頭看黃色指示燈標誌,看到「↑Arrivals Hall/Baggage Hall」,跟著指標走就對了。走到轉角的手扶梯處,請搭手扶梯到樓下,繼續往前行。

貼心 小提醒

注意「Transfer」標誌

如果看到黃色標誌「Transfer T2-9」,即表示轉機旅客需前往T2-T9轉機處辦理轉機。

Step 2 入境檢查

經過數個「↑ Arrivals Hall/Baggage Hall」黃色標誌，就會來到入境檢查處。請在「All Passports」這一列排隊，出示護照，讓移民關人員檢查簽證。下飛機走到移民關這段路，可看到機場提供的許多實用指南，如機場剖面圖、免稅商品消費指南等各種資訊，都可免費取閱。

跟著黃色指標走

入境審查排這裡

Step 3 提領行李

通過移民關，就會來到提領行李處。下飛機前，空服人員通常會廣播告知旅客「提領行李輸送轉盤」（Baggage Belt）號碼；若沒有，到時可查看電子螢幕資訊，找到你的航班，確認Baggage Belt號碼，到那裡等候行李。如果發現自己的行李遺失或未出現在輸送帶上，請立即前往行李掛失櫃檯請求協助。

Step 4 通過海關

提領行李處旁，會有幾位海關人員，以及「Nothing to Declare」（沒有物品要申報）的標誌，這裡就是通關處。如果你要申報，請告知海關人員，他們會告知辦理地點。

不需申報走這裡

行家祕技 如何從史基浦機場到外地

從史基浦機場前往荷蘭各大城市，有多種交通工具方便旅客搭乘。

火車方面，有鐵路系統相連結，可直接從機場搭火車前往荷蘭各大城市，或搭高速火車轉往其他國家。火車售票處位在機場入境大廳，火車月台就位在地下1樓。從史基浦機場前往鹿特丹等大城市，每15～20分鐘1班車；夜間火車每小時1班車（01:00～06:00）。

其他交通工具方面，機場大廳外就有計程車，隨時提供載客服務。若想開車遊荷蘭，大廳亦有多個汽車出租櫃檯。出境大廳4號處另設有前往市區和旅館的巴士服務（Airport Shuttle Bus）。

出境荷蘭

Step 1 拿行李推車

到了史機浦機場，先拿推車放行李，較輕鬆。

Step 2 查看登機櫃檯編號及秤行李

查看電子看板，找出你所搭乘飛機航班的Check-in櫃檯號碼。若擔心行李超重，登機櫃檯附近設有大型磅秤，先秤秤看行李是否超重。

Check-in資訊看這裡

Baggage re-packing area

Step 3 辦理登機手續

可先於自助辦理登機櫃辦理登機，或直接前往指定的航空公司櫃檯辦理登機及託運行李。假如有物品需要申辦退稅（Step 4.），先辦理登機，再前往出境大廳3號辦退稅。

Step 4 辦理退稅

出境大廳3號的退稅海關櫃檯，靠近Check-in櫃檯29、30號，或者找Tax free validation字樣的黃色標誌，詳細退稅步驟請看「購物篇」。

Tax Free Refunds

Step 5 出境通關檢查，候機

入關後，接受隨身行李檢查，同時出示你的護照和登機證。通過海關，再依指示標誌前往登機室候機。

出境大廳往這裡走

要檢查隨身行李

Departures 3 ✈ ↑
Vertrek
Check-in 17-32

貼心 小提醒

退稅注意事項

■ 為避免旅遊旺季人潮眾多，辦退稅、登機、出境、配合嚴格安檢都得大排長龍，建議提早前往機場。

■ 離境時，請將退稅商品放入手提行李，先讓託運行李隨登機手續辦託運。接著檢查完商品、退完稅後，若退稅商品太沉重，不便隨身攜帶，可到退稅櫃檯對面的貨物櫃檯，辦理退稅商品隨機託運喔！

■ 退稅條件與方法，詳見「購物篇」。

從史基浦機場往返阿姆斯特丹市區

從史基浦機場前往阿姆斯特丹市區,可搭火車、計程車或巴士。

搭火車

搭火車最方便,也最便宜。史基浦機場底下就有火車站,提供前往阿姆斯特丹等城市的火車班次,班次相當頻繁。回程時,若要從阿姆斯特丹市區,搭乘火車到史基浦機場,可在市區中央車站外的電子看板,查看前往機場的火車班次與時刻。

🕐 車程20分鐘;約7～10分鐘1班車;夜間火車每小時1班車(01:00～06:00)

💲 單程4.50歐元

前往月台的電梯 ▶

▲ 火車月台上固定有穿著制服的服務人員穿梭,接受旅客詢問火車班次、時刻、轉乘、搭車月台等資訊

貼心 小提醒

搭火車前請再三確認目的地及月台號碼

阿姆斯特丹有好幾個火車站,如果你要從史基浦機場搭乘火車前往市區,務必確認該班次是前往Amsterdam Centraal (中央火車站) 的火車及月台號碼。經常有很多旅客沒有看清楚,一看到「Amsterdam」就上了火車,結果該班次其實是前往Amsterdam-Zuid (阿姆斯特丹南區) 的火車。

搭火車步驟 Step by Step

Step 1 沿指標前行

抵達史基浦機場,入境通關後,沿「搭乘火車及出口方向」(Trains/Exit)黃色標誌走。

跟著火車指標走

↑ 🚄 🚅 **Trains**

🚶 **Exit** Uitgang

Step 2 查詢火車時刻表

來到機場大廳，查詢電子看板或黃色大型看板，確認前往市區或各城市的火車班次、開車時間、搭車月台。

時刻表看這裡

Step 3 買火車票

在機場大廳的人工售票口（Train Tickets & Services）或自動售票機買火車票。利用自動售票機買火車票的方法，請見「交通篇」。

車票這裡買

Step 4 前往月台搭車

史基浦機場大廳，有多處手扶梯或電梯，通往底下的搭車月台。

月台資訊看這裡

搭計程車

史基浦機場外就有計程車站，也可請機場的Connexxion櫃檯幫你叫車。搭計程車雖方便，但費用很高，前往阿姆斯特丹市區就要價45歐元，幾乎是住一晚旅館的價格。所以還是多利用火車吧！ 請注意 史基浦機場外有很多不肖計程車對前往市區的旅客索價300歐元，請至指定的計程車站搭車，並事先詢問價格（正常約40歐元）！

▲計程車叫車服務台

▲Connexxion櫃檯

搭巴士

■ 免費旅館接送巴士

如果你預訂位於史基浦機場周圍附近的機場旅館，大部分都有提供免費的接駁巴士。請在完成訂房之前，預先查詢該旅館是否提供免費的接駁巴士。其中包括：Hilton Airport Schiphol、Dorint、Ibis、Mercure、Crown Plaza、Radission SAS、NH、Van der Valk和Bastion Hotel都備有免費巴士接送服務。你可以撥電話向旅館連絡。

■ 付費旅館接駁巴士

■ 機場計程車(Schiphol Travel Taxi)

如果你預訂的是位於市中心的旅館，但沒有提供免費巴士接送，可前往機場Connexxion櫃檯或事先上網購買機場計程車票。提供前往荷蘭超過100間旅館和各地區，全年無休。可以選擇共乘或私人車程。

http schipholtraveltaxi.nl

■ 阿姆斯特丹機場巴士(Amsterdam Airport Express)

如果你是計畫前往阿姆斯特丹市中心，如萊茲廣場和博物館廣場，可至機場的Connexxion櫃檯，購買前往旅館的巴士單程票或來回票。此接駁巴士每8分鐘一班。候車站在Schiphol Plaza第7月台(Platform A7)。你也可以上網購買e-ticket或上車向司機購票(不接受現金)。

http www.connexxion.nl/en/shop/e-tickets/amsterdam-airport-express-single-ticket

✉ 購票：入境大廳4號(Arrival Hall 4)，星巴克對面

🕐 櫃檯服務時間：07:00～21:00(週一～日)
巴士服務時間：06:30～21:00

📞 +31(0)88 339-4741 (24小時服務)

💲 Amsterdam Airport Express單程票6.50歐元，來回票11.50歐元

ℹ Amsterdam Airport Express車票也適用於巴士397和夜間巴士N97。建議大家還是搭乘火車前往市心比較快速划算

旅館接駁巴士站 ▶

397號巴士(夜間為N97號)

如果你下榻的旅館在萊茲廣場(Leidseplein)或博物館廣場(Museumplein)附近，建議在史基浦機場Schiphol Plaza入口處的巴士站(B17)，搭乘機場快線397號直達前往。約每7分鐘一班車。單程6.50歐元，來回11.25歐元。假使想購買包含火車、市區公共交通旅遊票，不妨購買Amsterdam

Travel Ticket或Amsterdam & Region Travel Ticket (詳見P.69)。

■ 史機浦機場—庫肯霍夫花園巴士

位於出境大廳4號(Arrival Hall 4)出口處，設有一巴士站牌，提供前往庫肯霍夫(Keukenhof)鬱金香花園的服務。巴士號碼：Keukenhof Express 858號，每小時有4班車。

你可以上車直接向司機購買來回巴士票加入園門票(All-In Combi-Ticketa)，成人票價為31歐元起，孩童(4～17歲)為17.50歐元。當然，你也可以使用OV-Chip卡乘車，票價從你的出發地至花園這段路程計算。最後一班從花園返回史基浦機場的巴士是19:52，周末假日為19:47。

行家祕技 單買庫肯霍夫花園門票

如果你只想單買入園門票，在858號站牌旁停有一台小巴士Arriva，販售前往庫肯霍夫鬱金香花園的門票(P.182)。

http keukenhof.nl/en

💲 成人19歐元；孩童(4～17歲)9歐元

🕐 庫肯霍夫鬱金香花園開放時間：每年3月下旬～5月中旬

ℹ 待花季過後，Keukenhof Express 858號巴士即不再提供服務。如果有疑問，現場會有人員協助旅客購票及搭車等服務

Europaplein

交通篇
Transportation

荷蘭內外走透透，該用什麼交通工具？

本篇列出荷蘭境內(包括阿姆斯特丹)、連接境外的各種交通方式。

包括市區最好用的巴士、電車，阿姆斯特丹觀光遊船等購票搭乘資訊，

還介紹荷蘭人最愛的腳踏車通勤旅行現況，以及如何使用荷蘭悠遊卡OV-Chip Card。

Il a nagé jusqu'en Crète

通行荷蘭的 OV-Chip卡

OV-Chip卡就如同台灣的悠遊卡，搭乘交通工具十分好用！

OV-Chip卡初期是由阿姆斯特丹開始試辦，繼阿姆斯特丹之後，整個荷蘭也隨之通行，經過一段磨合期，現在荷蘭民眾都已習慣使用這張卡，正式邁入搭乘公共交通工具，不論上、下車都要刷卡的使用規則。

OV-Chip卡分為黃色的個人卡(Personal OV-Chip Card)、藍色的匿名卡(Anonymous OV-Chip Card)以及紙本的火車票(Loose Kaartje)。身為旅客，或是即將前往荷蘭工作、留學的你，該怎麼使用這張票卡呢？以下逐一解析。

前往搭乘火車的OV-Chip卡刷卡機 ▲

貼心 小提醒

OV-Chip卡基本使用規則

■上、下車務必記得刷卡。

■卡片內必須保留足夠餘額以供扣款。

■中途換月台轉車時，不需要刷卡。

■換乘不同鐵路公司的火車時，轉車需刷卡。

■換乘不同交通工具時，轉車需刷卡。

■使用規則詳請見P.67。

個人卡

申請個人卡必須上OV-Chip卡的官網申請，且必須要有在荷蘭的居住地址及銀行帳戶。一般申請的時間至少為兩週。收到卡後必須開卡完才能使用。如果你只是前往荷蘭旅遊或短期停留，購買匿名卡即可。

▲ 個人卡是黃色的

http www.ov-chipkaart.nl/home.htm

適用對象

如果你預定前往荷蘭工作或留學，建議你上OV-Chip卡官網申辦個人卡。價格為7.50歐元。荷蘭鐵路局（NS）官網提供多種不同的月票種類（可每月更換），點選官網上的「Products」，查詢最適合自己的月票（參考P.78）。

書面申請個人卡

如果想申請購買OV-Chip個人卡，但是沒有電子大頭照，又不懂怎麼上網申請，可前往火車站人工售票處，領取表格填寫，寄到表格上的地址。

個人卡網路帳戶

OV-Chipkaart網站提供多項服務功能：

交通篇

■申請專屬個人卡（create account）的網路帳戶。

■輸入卡號（credit checker），即可查詢你的卡片餘額。

■遺失補發卡片、申請新卡、卡片使用紀錄、忘記check out該怎麼辦、服務據點、不滿申訴，以及其他一般常見問題等，都可以透過網站得到解答。

下車忘記刷卡如何退款

持OV-Chip個人卡，萬一下車時還是忘記刷卡，如果還在車站附近，最快的方式是到火車站人工服務台，請求協助刷卡退款，另外，也可依照下列方式在網路上申請，取回差額退款。

1 Step 連結網頁：www.uitcheckgemist.nl/?locale=en。

2 Step 填寫卡號和有效年月日，填寫完畢將底下的句子打勾(打勾後句子會變成粉紅色)，然後按右下角的粉紅色方塊進入下一步驟。

3 Step 頁面上會顯示扣款金額。將這段誤扣的旅程，進站與出站的站名填寫在下方的兩行空格中。

4 Step 填入後右邊會出現綠色勾勾，將下方兩行句子打勾，並勾選是離峰或尖峰時段搭車，然後按下右下角的粉紅色方塊。

5 Step 等待幾分鐘，就可以看到退款金額顯示出來。

6 Step 接下來，帶著你的卡片，到車站內找黃色售票機，在機器的感應區上感應卡片。

7 Step 將機器畫面選擇為英文模式，然後按下第二個按鈕(Pick up order)，會出現請感應卡片的畫面，再次感應卡片，金額就退回卡片中囉！

個人卡網路申請步驟 Step by Step

Step 1 ## 進入網頁

在官網右上角選擇英語版本（English），然後在網頁中間有一個粗體標題「Immediate action」，請選第一個「Apply for a personal OV-chipkaart」，便可進入申請表格網頁。

點選這個選項

Step 2 ## 填寫個人資料

在填寫資料之前，提醒你：

■必須有電子大頭照（jpg.格式，最大5MB）。

■須有在荷蘭的銀行帳戶（若你是居住地址在比

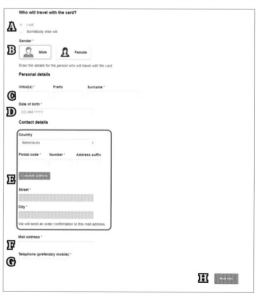

A.持卡人為本人或他人 / **B.**性別 / **C.**英文名字縮寫字母和姓氏 / **D.**出生年月日 / **E.**在荷蘭登記的居住地址 / **F.**E-mail / **G.**電話(最好填手機) / **H.**填寫完之後，點選下一步

利時、盧森堡或德國,可使用Paypal)。

■有關條件和規定,請點選閱讀The order terms and conditions of Translink(pdf.)。

Step ③ 上傳電子大頭照

請注意 照片必須清晰,能容易辨認,同時必須是近期內拍攝、不可太暗或太亮,且眼神須直視鏡頭。上傳完,請點選下一步(Next Step)。若沒有電子照片,請改用書面申請。

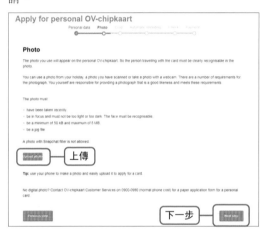

Step ④ 裁剪大頭照

系統會視你上傳的照片要求是否需要裁剪。若需要,請將滑鼠移至照片上方做調整。調整後,點選「Next Step」。接著會顯示個人卡範本。確認無誤後點選「The selection is correct」。

Step ⑤ 儲值

你可以選擇每次自動儲值10、20、50歐元,也有「不需要自動儲值」的選項。如果你選擇自動儲值,必須要有在荷蘭當地的銀行帳戶(透過iDeal系統),同時在詳閱自動儲值的規定條

款後,勾選我同意(I agree)的小方格,最後點選下一步(Next Step)。

假使之後不再用卡,若卡片選擇自動儲值,則須先辦理停止自動儲值,才能申請退費。

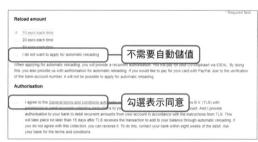

個人卡申請退費

如果卡內餘額為30歐元以內,可以持卡前往就近的火車站申請退費。服務人員會要求你填寫退費表格,並且出示你的護照以茲證明。手續費為2.50歐元,卡片本身7.50歐元是不退的。

如果餘額是在30歐元以上,你必須上OV-Chip卡官網下載表格(請參考表格),填妥後寄給OV-Chip卡公司,即可收到退費。不過,申請退費者必須要有荷蘭當地的銀行帳戶方能申請退款(建議不要一次儲值太多)。

http 若卡片尚未到期:www.ov-chipkaart.nl/applying-for-a-credit-refund/not-yet-expired-card.htm
若卡片已到期:www.ov-chipkaart.nl/applying-for-a-credit-refund/expired-personal-card.htm

How do I request a refund of my credit?
If you no longer wish to travel on credit, you can request a refund or cash in your credit.

Credit under € 30?
Personal OV-chipkaart
If your credit is between € 0 and € 30, you can request a refund of this at an operator's counter. You will receive a refund of your credit once your ID (Dutch passport, driving licence or ID card) has been checked. Find a counter near you.
Tip: If you have automatic reloading, you will first need to terminate the before requesting a refund of your credit at a counter. You can read how to terminate automatic reloading here.

Anonymous OV-chipkaart
If you have an anonymous OV-chipkaart, you can request a refund of your credit using a form. Please go to an operator's counter for this. Enter the details requested on the form. The employee will check your ID. This can be a Dutch passport, driving licence or ID card. You will then receive the credit.

Credit above € 30?
Is your credit above € 30? In this case, the amount will be refunded to your bank account. You can request a refund of your card using a form.

Personal OV-chipkaart Credit refund personal OV-chipkaart (pdf)
Anonymous OV-chipkaart Credit refund anonymous OV-chipkaart (pdf)

個人卡及匿名卡退費表格下載Pdf檔

Step 6 確認資料

重新檢查所有的資料(含照片)是否正確。確認無誤,請點選下一步(Next Step)。

Step 7 付款

個人卡每張為7.50歐元。假如選擇每次自動儲值10歐元,一旦卡片餘額不足,就會直接從你的帳戶扣款10歐元。確認後,請點選付款(Pay)。網頁會直接導入線上付款系統。完成付款後,會透過E-mail收到確認電子郵件。

匿名卡

匿名卡哪裡買?

觀光客只能購買匿名卡,售價7.50歐元,但無法享用荷蘭鐵路局(NS)提供的相關折扣。火車站和地鐵站內都有售票機可購買匿名卡(Anonymous Card),售票機為黃色,機器上有藍色的荷蘭鐵路局標誌。要留意的是,使用信用卡於火車站的售票機購買,須多支付1歐元的手續費(總共8.50歐元);但在地鐵站的GVB售票機使用信用卡,則免支付1歐元手續費。

如果不會操作機器,也可在火車站、地鐵站和巴士站的人工售票服務處、火車站內的書店、大型超市,或是書報攤(AKO或Bruna),購買匿名卡。書報攤所賣的匿名卡有兩種:一種是空卡(7.50歐元),另一種是已包含儲值金額的卡,例如你購買已含儲值金額20歐元的卡,那麼金額就會是27.50歐元。

🌐 書報攤AKO
www.ako.nl

🌐 書報攤Bruna
www.bruna.nl

▲匿名卡是藍色的

適用對象

若你預定前往荷蘭旅遊數天,未來也可能再度前往,可購買匿名卡。匿名卡價格7.50歐元。使用期限5年,5年後即失效。

🔵 豆知識　匿名卡Q&A

問題1:匿名卡可以轉賣給其他人嗎?

並沒有明文規定不能轉賣,若不打算再使用這張卡,可轉賣給其他人,轉賣金額為這張卡的成本7.50歐元以及卡片內存有的餘額。

問題2:匿名卡即將到期,但尚有餘額,可以申請退費嗎?

可以!但必須要有荷蘭當地的銀行帳戶才能申請退款。須前往OV-Chip卡官網下載表格,填寫後寄給OV-Chip卡公司。卡片到期失效的15天之後,即可收到退費。建議不妨帶回台灣上網轉售或轉讓給親友使用。

問題3:匿名卡期限未到,但不再使用,可以申請退費嗎?

可以!若卡內餘額為30歐元內,可持卡前往就近的火車站申請退費。須出示護照並填寫表格,手續費為2.50歐元。若餘額30歐元以上,請上OV-Chip卡官網下載表格(詳見P.62個人卡申請退費)。表格中有可以填寫IBAN國際銀行帳號,應是可以跨國匯款(建議盡量不要一次儲值太多)。

🌐 退款申請網址

假使期限尚未到期:www.ov-chipkaart.nl/applying-for-a-credit-refund/not-yet-expired-card.htm

假使期限已經到期,可上下列網址申請退款:www.ov-chipkaart.nl/applying-for-a-credit-refund/expired-anonymous-card.htm

火車站售票機購買匿名卡步驟
Step by Step

購買匿名卡、Losse Kaartje卡，請至有荷鐵標誌的機器購買。

Step ① 選擇Other Products

先選擇英文版本，再點選首頁Other Products，接著選擇第三項Buy an OV-Chip Card。

Step ② 點選 Buy an OV-Chip Card

點選最上方的Buy an OV-Chip Card。

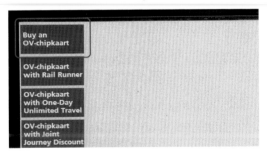

Step ③ 選擇儲值金額並付款

如果你不知道前往目的地的票價，可點選金額下方的A.「How much balance do I need」

，然後輸入目的地的英文字母，螢幕右下方立即顯示有／無折扣卡的票價。你也可以選擇只買空卡／B.「I don't want to add credit now」。接著選擇／C.付款方式付款

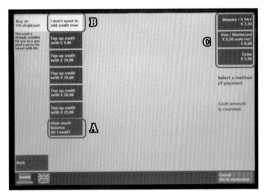

OV-Chip卡儲值

火車站黃色售票機儲值
Step by Step

Step ① 感應票卡

請至有「OV- Chipkaarthouders」標誌的黃色機器，再將卡片放在右邊的感應區上讀取。

Step ② 選擇金額

點選Charging Current，會顯示目前卡內剩餘的額度。旁邊有儲值金額可供選擇（第一次使用最少儲值20歐元）。

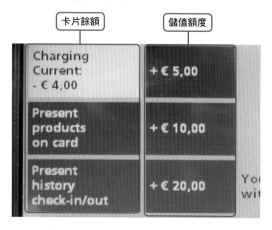

卡片餘額　　　　　儲值額度

其他儲值方式

■ 持個人卡者，也可上荷蘭鐵路局(NS)官網儲值(www.ns.nl)，辦理線上直接轉帳儲值，但需要有當地的銀行帳戶。

■ OV-Chip卡也可以用GVB售票機儲值，若要透過地鐵或電車站的GVB購票／儲值機儲值，步驟請參考P.98。

Step ③ 投幣儲值

可使用硬幣、當地金融卡和信用卡，現金儲值不收手續費，以信用卡儲值會收手續費0.50歐元。欲以信用卡付款，請預先確認自己的信用卡可以跨國刷卡，而且需要有4位密碼。

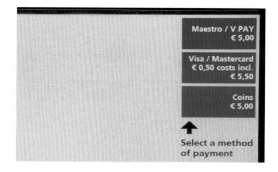

OV-Chip卡是否需開卡

如果你有搭火車的需求，建議到人工售票服務處購買匿名卡。因為匿名卡預設為「不能」搭火車，向櫃檯服務人員購買匿名卡時，可以請對方一併開通搭火車的功能，並選擇要搭乘一等或二等車廂（一般通常選擇二等車廂），作為後續扣款的計算基準。申請個人卡者，在收到卡片後，請在黃色售票機作開卡動作；若不擅操作，請至人工售票處，請服務人員幫忙開卡。

Step ④ 儲值完成

付款完成後再將卡片放至右邊感應區，螢幕會立即顯示卡片目前餘額，即可得知是否儲值成功。

Albert Hein超市儲值機儲值 Step by Step

Albert Hein超市也設有儲值機,可在此儲值。

Step 1 插卡讀取

插入OV-Chip卡,螢幕會顯示餘額。

Step 2 付費儲值

左上方的第一個按鈕爲儲值,有5、10、20、30、50歐元5種選項。選好對應按鈕後,插入金融卡。螢幕會出現要求輸入密碼的訊息。輸入完畢按OK鍵,螢幕會顯示請將金融卡取出。待機器進行讀取完畢,即可取出OV-Chip卡。

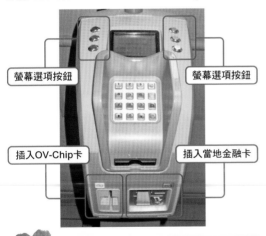

螢幕選項按鈕　　　螢幕選項按鈕
插入OV-Chip卡　　　插入當地金融卡

貼心 小提醒

超市儲值機其他功能

■ 若要回到前一頁請按右邊第三個按鈕「Back」。
■ 若要開卡,請插入OV-Chip卡,按右邊第1個按鈕選擇英文版本,然後按左邊第2個按鍵「Pick-up Purchases」,待機器讀取完成後,將卡取出。

行家祕技 火車售票機OV-Chip其餘功能

車站內黃色OV-Chip卡售票機,除了購票和儲值之外,還可以查詢卡片餘額、乘車紀錄、交易紀錄、更改車廂等級和開卡。超市的OV-Chip卡儲值機比較小。

■ **Present all products on card/transactions**:可查詢卡片資料,包括有效日期、選擇的車廂等級以及交易(儲值)紀錄等。

■ **Change class current 2nd**:可更改車廂等級。如果想從一般車廂改坐頭等車廂,往後在你乘車刷卡時,即以第一等車廂的價格扣款。

■ **Present history check in/out**:可以查詢到上一次乘車的紀錄。

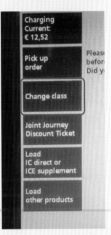

上次的使用記錄

Date	Time	Station/stop	Operator	Event	Amount
4 Dec 2017	10:50	Schiphol Airport	NS	Check out	€ 2,50
4 Dec 2017	10:15	Amsterdam C.	NS	Check in	(€ 10,00)
4 Dec 2017	10:14		NS	Top up	€ 15,00
21 Oct 2017	22:35		GVB	Check out	€ 1,63
21 Oct 2017	22:24		GVB	Check in	(€ 4,00)
21 Oct 2017	22:16	Amsterdam C.	NS	Check out	€ 5,40
21 Oct 2017	21:21	Leiden Centraal	NS	Check in	(€ 10,00)
21 Oct 2017	21:19		ARRIVA	Check out	€ 1,90
21 Oct 2017	21:11		ARRIVA	Check in	(€ 4,00)
21 Oct 2017	16:47		ARRIVA	Check out	€ 0,44
21 Oct 2017	16:35		ARRIVA	Check in	(€ 4,00)
21 Oct 2017	14:39		NS	Top up	€ 10,00

Loose Kaartje火車票

荷蘭鐵路局(NS)於2014年正式廢除紙張式車票，取而代之的是OV-Chip卡紙本式火車票(Loose Kaartje)。可於火車站售票服務處及黃色售票機(機器上有荷蘭鐵路局(NS)標誌)購買，步驟請見P.83。

適用對象

若無OV-Chip個人卡或匿名卡，搭乘各種交通工具須持有Loose Kaartje，搭乘火車須事先購買，搭乘電車及巴士請向司機購票。不論購買的是單程還是來回票，千萬記得，起站上車及到終站下車都要刷卡。很多乘客誤以為購買完車票就上車了，但如果買了票沒刷卡還是會被罰鍰的。

▲ 透過黃色火車售票機購買的Loose Kaartje火車票

貼心 小提醒

購買Loose Kaartje須多付1歐元

購買Loose Kaartje紙本式火車票，必須多付1歐元的費用。例：如果你於黃色火車票購票機購買從阿姆斯特丹搭乘火車前往海牙(Den Haag)，單程票價為11.50歐元，付款時則必須支付12.50歐元。如果你是在火車站內人工售票服務處購買的話，除了必須多付1歐元的費用，還要再支付0.50歐元的手續費，總票價為13歐元。如果是在網站(ns.nl)上購買e-ticket，則毋需多支付1歐元。

搭乘火車刷卡規則

上、下車都要記得刷卡

切記！不管你持有的是哪一種OV-Chip卡(匿名／個人／用完即丟的OV-Chip卡式車票)搭車，出發、抵達都要刷一次卡。如果抵達目的地後忘記刷卡，該卡會於當天自動扣除20歐元！如果下車後不久才發現忘了刷卡或找不到刷卡機，請盡快到車站內的刷卡機刷卡，或至售票處告知服務人員，請求協助。

貼心 小提醒

上、下車忘記刷卡怎麼辦？

- **狀況1**：忘了刷卡但還沒上車，請折返回去刷卡，不然被查到是要罰錢的。
- **狀況2**：假使來不及折返或已經上了車，請立即通知查票人員你忘記刷卡。
- **狀況3**：下了車卻忘記刷卡，如果離車站還不會太遠，請盡快折返回去刷卡。
- **狀況4**：下車後過了一段時間才想起來忘了刷卡，在6小時之內都可以回火車站補刷。
- **狀況5**：如果有刷卡扣款、退款、卡內餘額等任何問題，可撥打服務電話：+31-307-515-155(可選擇英語服務)。

轉車不用刷卡

若是中途必須下車，前往另一月台轉車，此時不用刷卡。

例：要從阿姆斯特丹搭車前往安多芬(Eind-hoven)，中途必須在鹿特丹下車，前往另一月台轉車，此時不用刷卡，等你抵達安多芬之後再刷卡出站即可。

換乘不同公司的火車

荷蘭95%的火車都屬於荷蘭鐵路局（NS），除此之外，還有幾家私人的鐵路公司。如果行程必須轉乘另一家鐵路公司的火車，那麼轉車時的上下車一定要刷卡。

例：若從阿姆斯特丹前往菲仕蘭省的史內克鎮（Sneek），須先搭乘荷蘭鐵路局的火車到雷瓦頓市（Leeuwarden）轉車。在阿姆斯特丹上車前刷卡，到了雷瓦頓之後，下車再刷一次卡。由於前往史內克必須換乘Arriva公司的火車，因此當轉乘Arriva公司的火車前往史內克，得先在月台上專屬Arriva的機器刷卡，抵達史內克後，下車再刷一次卡。此規則也適用於Connexxion和Valleilijn公司的火車（如果要前往Ede-Wageningen到庫勒慕勒美術館）、雷瓦頓到北部荷洛寧恩市（Groningen）的Arriva火車、南部林堡省幾個城鎮間的Arriva火車（如Sittard、Heerlen、Weert、Venlo、Roermond）。

▲ Arriva火車刷卡機　　▲ 站內也設有專屬Arriva火車的購票機

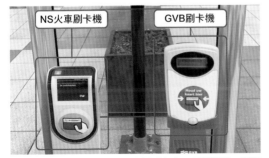

▲ 換搭乘交通工具，例如：先搭乘火車，再轉地鐵，記得務必下火車後刷NS火車刷卡機，上地鐵前再刷GVB刷卡機

換乘不同的交通工具

如果你先搭乘火車，接著下車要轉搭地鐵，下車後務必先於月台上專屬荷蘭鐵路局（NS）火車的OV-Chip卡機刷卡（check out），然後再於專屬地鐵的OV-Chip卡機刷卡（check in）。反之，如果下了地鐵，接著要轉搭火車，下車後務必先於專屬地鐵的OV-Chip卡機刷卡，然後再於專屬火車的OV-Chip卡機刷卡。

卡片內需有最低餘額

使用OV-Chip卡搭車，上車刷卡時會先扣一筆所謂的登車費「Boarding fare」，所以卡片內需有最低餘額才能刷卡（若餘額不足，刷卡時會顯示紅燈），搭乘巴士、電車、地鐵時，最低餘額起碼要4歐元，搭火車時最低餘額要20歐元。

下車刷卡時，機器會根據實際搭乘里程數的費用，自動多退少補，多收的Boarding fare會退回卡片中。如果下車忘記刷卡，超過6小時之後，Boarding fare就會直接被沒收，多收的就沒辦法退回了！

此外，你也可以透過網站check out，網址是：www.uitcheckgemist.nl（僅荷文版）。

不可沒刷卡就上車

搭車前請留意自己的卡片餘額是否足夠，若是發現卡片餘額不足，先補足再上車。如果沒刷卡即上車，或是有刷卡進站但卡片餘額低於基本費（Boarding fare），都會被視為逃票。一旦被查票員發現，沒有任何理由，須出示護照並罰鍰35歐元。若是無力或拒絕賠償，查票員則移送警察局處置。所以，千萬不要為了貪小便宜，或以為查票員不會來查票而得不償失，給自己惹麻煩！

若是到小鎮旅行，有可能遇上車站沒有售票處或是售票處已經下班的情況，記得身上隨時準備一些零錢，或攜帶Maestro金融卡。

其他交通聯票

選擇適合自己行程的交通旅遊卡，在旅途中省錢省力。

荷蘭每個城市都會推出數種不同的交通旅遊卡，例如阿姆斯特丹有I amsterdam City Card、GVB Card(GVB公共交通票)、Amsterdam Travel Ticket等等，對觀光客來說既方便又實惠。當然，不需要每一種卡都買，最終還是要視實惠性和自己的需求來購買。這裡推薦幾張實用的旅遊卡。

GVB公共交通票

GVB本身已涵蓋所有市區內的大眾運輸工具，可用於電車、巴士、渡船、地鐵及夜間巴士，可買單程(有效使用時間1小時)，也可買1～7日，非常方便。如果你計畫旅遊阿姆斯特丹數日，參觀幾個博物館或美術館，而且沒有要買OV-Chip匿名卡，那麼這張卡絕對實用。

Amsterdam Travel Ticket

分為1～3日，除了擁有上述GVB公共交通票的功能，還多了從阿姆斯特丹搭乘前往附近城鎮的火車，包括：史基浦機場、Amstel、Bijlmer Arena、Holendrecht、Lelylaan、 Muiderpoort、RAI、Sciencepark、Sloterdijk、Zuid和Duivendrecht車站。此卡不可使用於EBS、Arriva和Connexxion公司的巴士(Connexxion397和N97除外)。

Amsterdam Regional Card

如果你計畫前往阿姆斯特丹近郊的小鎮旅行，例如：贊瑟杭斯、佛倫丹、馬肯、艾登，可購買這張卡。中央火車站的後方特別設置了專屬的購票機，所以你也可以透過購票機購票。

I Amsterdam City Card

適用於以參觀博物館為主的旅客，主要包含：市區內的電車、巴士、地鐵及夜間巴士，並享有部分餐廳、博物館門票的折扣優惠。如果你只計畫前往1～2間博物館或美術館，則不推薦購買這張卡。此卡價格較昂貴，而且不是每一間博物館都可以享有折扣優惠，購買前最好先查詢你要去的博物館是否有包含在這張卡內。

I amsterdam City Card

I amsterdam City Card是阿姆斯特丹觀光局特別針對旅客所推出的，持有這張卡，就能免費參觀與其合作的博物館，免費搭乘有合作關係的遊艇、GVB巴士、電車、地鐵。另外，前往與其合作的商家、餐廳、購買入場券、租用腳踏車，還可享有25％折扣優惠。不過，I amsterdam City Card不適用於Connexxion和Arriva兩家公司

的巴士。你可以從巴士的車身辨別。如果買了「I amsterdam City Card」，就不用再買「GVB Card」，此二卡「交通」功能相同。

http www.iamsterdam.com

I amsterdam City Card 價格表

票種	價格
1 day I amsterdam City Card (24小時)	€60
2 days I amsterdam City Card (48小時)	€85
3 days I amsterdam City Card (72小時)	€100
4 days I amsterdam City Card (96小時)	€115
5 days I amsterdam City Card (120小時)	€125

備註：I amsterdam City Card 價格，請依每年阿姆斯特丹觀光局公布為準／製表：陳奕伸

I amsterdam City Card這裡買

I amsterdam Visitor Centre旅客服務中心

http www.iamsterdam.com/en

✉ Stationsplein 10

📞 0900-4004040

🕐 09:00～17:00(耶誕節、新年不開放)

ℹ 1. 「I amsterdam City Card」簡介手冊，詳列與
其合作的博物館、劇院、商家、餐廳等
   2. 12歲以下孩童無法使用此卡
   3. 也可以在www.amsterdamtourist.info購買I
amsterdam City Card

中央火車站後方另設了一間I amsterdam 商店。你可以在這裡購卡，也可以順便購買專屬 I amsterdam 的紀念品喔！

---

*資料時有異動，請以官方公布的最新資料為主

GVB Card

GVB Card由GVB大眾運輸公司推出，是一種方便觀光客使用的交通卡，有1日與多日卡可選擇。如果不購買1日或多日卡，也可購買單程票，1張是3.40歐元，於1小時內可無限次搭乘電車、巴士和地鐵，但不含火車。可上車或透過GVB售票機購買，但建議用售票機購票，因為目前電車或巴士大多不接受現金購票。GVB Card不能使用於前往近郊的巴士，如Connexxion和EBS。

使用GVB一日或多日票，上下車一樣都要刷卡。其優惠與便利性如下：

■可搭乘阿姆斯特丹所有巴士、電車、遊船、地鐵路線（所有路線皆包括阿姆斯特丹必遊必看熱門景點）。

■GVB Card也適用於夜間巴士（P.96）。

■時間從上車打卡後開始計算，可在期限內無限次使用。

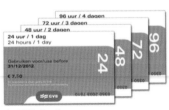

▲ GVB Card

▲ GVB巴士路線圖

GVB Card 價格表

票種	價格
24小時 (1天)	€9
48小時 (2天)	€15
72小時 (3天)	€21
96小時 (4天)	€26.50

備註：GVB Card 價格，請依每年 GVB 大眾運輸公司公布為準
製表：陳奕伸

交通篇

貼心 小提醒

上車購票不接受現金付款

　　即日起，凡搭乘GVB電車、巴士及夜間巴士，若上車向司機購票，僅接受一般金融卡付款，一律不接受「現金」。因此，建議前往「阿姆斯特丹」旅遊的讀者依照你的旅遊計畫和天數，預先購買好GVB Card。

GVB Card這裡買

購買地點

✉ 1. 阿姆斯特丹中央火車站對面的GVB Card服務中心
　2. 阿姆斯特丹VVV旅遊服務中心 visitor center
　3. 上車後向司機、打票員購買(車上僅售單程票、24小時及48小時悠遊卡)
　4. 火車站內的書報攤、地鐵站內的售票機

http www.gvb.nl

🕐 週一～五07:00～21:00，週六～日10:00～18:00

ℹ 1. 關於GVB Card詳細資訊，可洽詢阿姆斯特丹中央火車站對面的GVB Card服務中心，或當場索取GVB實用手冊、各巴士路線圖
　2. 4～11歲孩童請購買兒童專屬GVB Card

※資料時有異動，請以官方公布的最新資料為主

Amsterdam Travel Ticket 阿姆斯特丹旅遊票

　　Amsterdam Travel Ticket阿姆斯特丹旅遊票，可無限次使用於阿姆斯特丹市區內各火車站，與史基浦機場之間的火車，和市區內GVB公司所屬的電車、巴士和渡輪(包括機場快線397、夜線N97)、地鐵和夜間巴士。

　　車票分為1日18歐元、2日24歐元、3日30歐元。使用時間從00:00到隔日04:00。例：購買1日阿姆斯特丹旅遊票，於9月20日的09:00開始使用，使用期限至9月21日的04:00。特點如下：

■僅限乘坐一般車廂(2nd)。

■無限次旅遊阿姆斯特丹市區內各火車站，包括：Amstel、Bijlmer ArenA、Central Station、Holendrech、Lelylaan、Muiderpoort、RAI、Sciencepark、Sloterdijk、Zuid、Duivendrecht。

■可搭機場快線(Amsterdam Airport Express)：Connexxion巴士397號和夜線Niteliner N97(發車地點位於機場巴士站B9處)。

■購買此卡會附送阿姆斯特丹市區旅遊地圖。

Amsterdam & Region Travel Ticket

如計畫是在阿姆斯特丹旅遊數天,那麼不妨買一張無限搭乘的ARTT交通卡,就不用花時間研究其他票卡,但前提是,「你的住宿地點不是在阿姆斯特丹市中心」。比如:Amsterdam Sloterdijk、Haarlem、Halfweg。但如堅持要住在阿姆斯特丹市中心呢?那麼,行程得包括前往近郊的風車村贊瑟杭斯(Zaanse Schanse)、起士小鎮艾登(Edam)、傳統小鎮弗倫丹&馬肯(Volendam & Marken)、城堡(Muiderslot)、北海小漁村霍恩(Hoorn)、鮮花拍賣市場奧斯米爾(Aalsmeer)、哈蓮市(Haarlem)及其近郊海灘Zandvoort aan Zee、庫肯霍夫鬱金香花園(巴士858)和前往史基浦機場的巴士397線和夜線N97。價格為1日19.50歐元;2日28歐元;3日36.50歐元,需連續使用。

＊這兩張票的有效期限都是從第一次 Check in 到隔天凌晨4點。

＊上下車記得都要刷卡。

＊可在機場的 AKO 書店、Connexxion 售票處、I Amsterdam Visitor Center 和中央火車站後方的專屬購票機和GVB購票機及車站內的 GVB/EBS 售票處購買這個車票。

＊此卡適合選擇住在阿姆斯特丹市區和郊區以外的遊客。

＊此卡最好搭配 GVB 公共交通票。

至於其他時間若有安排在阿姆斯特丹市中心,如參觀博物館和購物,則可搭配購買GVB公共交通票(參考P.70),即可無限搭乘GVB專屬的電車、巴士、地鐵,範圍也涵蓋阿姆斯特丹近郊與市中心,算是很划算的。此卡可使用範圍區域,請參考網址。

http www.ns.nl/producten/en/onbeperkt-reizen/p/amster dam-region-travel-ticket

---

阿姆斯特丹旅遊票這裡買

- http www.discoverholland.com
- ✉ 購買地點:史基浦機場內(Schiphol Airport),包括AKO書店、GVB售票處、Holland Tourist Information服務處、火車站人工售票處以及機場快線巴士售票服務處(Amsterdam Airport Express Ticket & Info)、阿姆斯特丹中央火車站以及阿姆斯特丹市其他火車站
- $ 1日17歐元、2日22.50歐元、3日28歐元
- ℹ 可預先上網購票。完成購票手續後,便會收到內含票券的購票證明及1組代碼的E-mail。點選代碼,按照指示完成步驟之後即可。最後記得要將票券與E-mail內含的購票證明列印下來

Amsterdam & Region Travel Ticket 這裡買

- ✉ 購買地點:NS、GVB、EBS、Connexxion的公共交通旅遊服務處、史基浦機場入境大廳2號的Holland Tourist Information服務台、中央火車站後方的IAmsterdam旅遊中心
- $ 1日19.50歐元、2日28歐元、3日36.50歐元
- ℹ 中央火車站後方設有Amsterdam & Region Travel Ticket購票機,可購買數種不同的旅遊卡,僅接受卡片付款。前往風車村贊瑟杭斯,可選Zaanstreek 1日票(11.50歐元);前往佛羅丹、馬肯、艾登,可選Waterland 1日票(10歐元);以上皆去,則買1~3日票。此機器也可購買市區公共交通GVB公共交通票(1日票)和荷蘭全境1日旅遊票

貼心 小提醒

功能重疊的票卡勿重複購買

■ 如果你已預計申請OV-Chip個人卡(前往荷蘭工作/留學),或購買OV-Chip匿名卡,則冊須購買以上數卡。

■ 由荷蘭鐵路局(NS)推出的一日卡(P.73),因為價錢較為昂貴,且對於一日行程的規畫上很難能旅行到數個城市或小鎮,僅供參考,並不建議購買使用。

Holland Travel Ticket
荷蘭1日悠遊票
Holland Travel Ticket Off Peak
荷蘭1日離峰時段悠遊票

如Holland Travel Ticket可於單日無限次使用荷蘭境內的火車、電車、巴士、地鐵，不分尖峰和離峰時段，票價70歐元。Holland Travel Ticket Off Peak指定的離峰時段為週一～五00:00～06:30、09:00～16:00、18:30～00:00；週六、日則全日可用，票價48歐元，僅限於荷蘭鐵路局網站或黃色火車票售票機購買。

http www.ns.nl/producten/en/onbeperkt-reizen/p/holland-travel-ticket

Tourist Day Ticket
海牙&鹿特丹旅遊卡

可使用於南荷蘭省(Zuid-Holland)內的城市，包括海牙、鹿特丹、台夫特、萊登、豪達、麗絲和海藍省(Zeeland)所有的電車、巴士、地鐵、水上巴士(包括RET、Arriva、Connexxion、HTM及Waterbus這幾家交通運輸公司)，但不可使用於火車、夜間巴士、巴士195及295號、快速渡船Fastferry及Driehoeksveer遊船。如此一來就不需要分別購買城市專屬的悠遊卡了。唯獨這張卡不提供購買博物館門票的折扣優惠。

http touristdayticket.com
✉ 火車站內的旅遊服務中心
$ 15.50歐元
ℹ 此卡也可使用於庫肯霍夫花園

Rotterdam Welcome
Card 鹿特丹歡迎卡

鹿特丹歡迎卡分為1、2、3天，內含RET Chip卡、手冊和地圖，使用期限依天數而定，可無限次使用鹿特丹市區內各種交通工具，並享有50個旅遊景點及餐廳25%的折扣優惠。

http shop.rotterdam.info/en/rotterdamwelcomecard
✉ 鹿特丹中央火車站內的自動售票機及旅遊服務中心
$ 1天15.50歐元、2天21歐元、3天25.50歐元

RET Dagkaart
鹿特丹一日交通卡

鹿特丹專屬的城市悠遊卡，可無限次使用於鹿特丹市區內RET公司的巴士、電車和地鐵。但不適用於火車、水上巴士（Waterbus、Aquabus和BOBbus）。使用期限是於第一次刷的時間卡至凌晨4點。

http www.ret.nl/en
✉ 鹿特丹中央火車站內的旅遊服務中心
$ 成人9.50歐元，2小時票4.50歐元，4～11歲及65歲以上為5歐元
ℹ 若已購買海牙&鹿特丹旅遊卡，則不需要再買這張卡

Splashtours
鹿特丹觀光巴士

非常特別的海陸兩棲之旅,先是繞行城市一圈,最後整台巴士撲通⋯⋯就下水了!

🔗 rotterdam.splashtours.nl/en/arrangement/splash tours/,建議上網訂票並查看時刻表

✉ 鹿特丹海事博物館旁的巴士站,可上網訂購或於車站內/市區旅遊服務中心購買

💲 28.50歐元

鹿特丹其他交通工具

BOB bus

BOB bus是鹿特丹的夜間巴士,行駛於週五及週六的深夜至凌晨。途經火車站及市中心夜店聚集區,並通往市中心和市郊之間。可使用OV-Chip卡,單程票:6歐元。

鹿特丹地鐵

共5條,分成A、B、C、D、E線。E線屬鐵路Randstadrails的一部分,連結海牙、鹿特丹和蘇特彌爾市(Zoetmeer)之間。電車則有4、7、8、21、23、24和25號。

De Snerttram鹿特丹老電車

乘坐鹿特丹老電車暢遊整個鹿特丹市區,行程約2小時,並提供一碗荷蘭傳統豌豆湯(Erwensoep)。也提供餐點、咖啡和酒的預訂。

🔗 www.brazzo.nl/shop

✉ Boezemstraat街188號的Brazzo餐廳,可搭乘7號電車,在Boezemweg站下車

🕐 冬季週末(週六14:30 & 16:30,週日16:30)

💲 22.50歐元

ℹ 需上網預訂

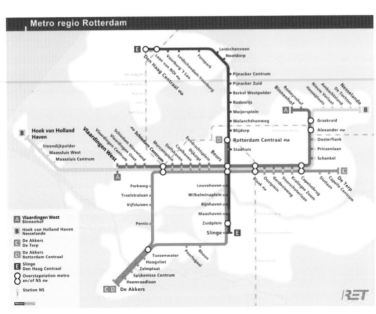

◀ 鹿特丹地鐵路線圖

交通篇

Pannenkoekenboot煎餅遊船

可邊品嘗荷蘭煎餅，邊欣賞鹿特丹風光的遊船，有行程約75分鐘的Minute Cruise和其他套裝行程。出發時間和行程請參考：

🌐 www.pannenkoekenboot.nl(最好事先預訂)
✉ 歐洲之桅旁的碼頭
💲 Minute Cruise 22.50歐元

Klassieke Havenrondvaart 傳統遊船

搭乘傳統遊船「Nehalennia」，航行鹿特丹海港、天鵝橋、歐洲船桅、史奇丹市等景點，終點為知名的紐約旅館(Hotel New York)，共1.5小時。此外，getyourguide網站還提供另外幾個遊船行程(Water Activity)，也可以順便參考。

🌐 www.getyourguide.com/rotterdam-l37/rotterdam-2-hour-harbor-cruise-t382204
💲 15歐元

Blue Amigo水上巴士

鹿特丹水上巴士提供數十種前往各知名景點和鄰近城市行程，如小孩堤防(Kinderdijk)、多德雷赫特(Dordrecht)，還有鹿特丹一日遊等。官網上可以購買電子票。

🌐 www.waterbus.nl/en

水上計程車

水上計程車Water Taxi HNY於09:00～24:00行經Hotel New York旅館和Leuvehaven與Veerhaven之間，約10～15分鐘一班。票價依車程距離而定，單程4.50歐元起跳。可上網／電話叫車及預訂馬斯河遊河行程。

🌐 www.watertaxi.com (可上網參考服務時間及乘車點)
📞 010-403-0303

HTM Dagkaart 海牙一日交通卡

海牙專屬的單日交通卡，可使用於海牙市區內HTM交通公司的電車和巴士。此外，這張卡也可以使用於前往海牙著名的海灘席凡寧恩(Scheveningen)、鄰近城鎮：台夫特(Delft)及蘇特米爾(Zoetmeer)、Leidschendam、Voorburg、Rijswijk、Nootdorp和Wateringen等市區內的電車和巴士。使用期限限當日使用有效。

🌐 www.htm.nl
✉ 上車向司機購買，或於海牙火車站及旅遊服務中心購買
💲 8歐元

阿姆斯特丹交通旅遊卡推薦評比

票種	價格	特色	優點	缺點
I amsterdam City Card (24/48/72/96小時)	65 / 85 / 105 / 115歐元	最適合在阿姆斯特丹市中心旅遊觀光的超值卡	■可搭乘夜間巴士 ■可享免費參觀阿姆斯特丹37間博物館及一次運河之旅(Blue Boat Company或Holland International)	■僅限於阿姆斯特丹市中心使用 ■不能搭乘火車、夜間巴士 ■不適用於孩童、家庭、65歲以上長者
GVB Card (24/48/72/96小時)	8 / 13.50 / 19 / 24.5歐元0	悠遊阿姆斯特丹市中心的交通卡	■可搭乘電車、巴士、地鐵 ■可用於夜間巴士(請記住有效時間) ■價格便宜	■僅限於阿姆斯特丹市中心使用 ■不能搭乘火車 ■無法享有博物館、景點、餐廳用餐等折扣優待
Amsterdam Travel Ticket (1/2/3日)	17 / 22.50 / 28歐元	悠遊阿姆斯特丹地區、火車站與史基浦機場之間	■也可使用於市區內GVB電車、巴士(包括機場快線397、夜線97)、地鐵及夜間巴士 ■適合只停留在阿姆斯特丹旅遊的旅客、價格不貴	■僅限阿姆斯特丹，不適用於市區內EBS、Connexxion和arriva公司的巴士 ■出示票券參觀博物館無折扣優惠
Day Train Ticket	■58.80歐元	悠遊整個荷蘭的火車票	一日內無限次數搭乘。可使用OV-Chip匿名卡加購，票卡期限從購票後至隔天凌晨4點止	■不包含市區內的公共交通工具 ■價格較貴
Holland Travel Ticket / Off Peak	■全日不分尖峰和離峰，Holland Travel Ticket 70歐元 ■於離峰時間06:30前、09:00～16:00、18:30使用(週末不限時間)，Holland Travel Ticket Off Peak 48歐元	悠遊整個荷蘭的旅遊票(可直接於黃色火車售票機購買)	■可一日內無限次使用荷蘭境內的火車、電車、巴士及地鐵 ■若上網購買此票，完成後會收到E-mail憑證，請持該憑證到史基浦機場或中央火車站內的AKO書店取票	■無博物館或餐廳折扣 ■價格較貴

備註：以上交通票卡價格時有異動，請依每年訂價調整為主；以上所介紹的票卡亦可於荷蘭公共交通卡網站購買
🔗 www.public-transport-holland.com
🔗 Holland Travel Ticket參考網址：www.ns.nl/producten/en/onbeperkt-reizen/p/holland-travel-ticket

交通篇

火車

荷蘭大城市裡的火車站，月台通常很寬廣，並設多個座椅，供旅客歇腳候車。

荷蘭鐵路局(Nederlandse Spoorwegen，簡稱NS)，提供全國由北到南，完善密集的鐵路網。除了自駕，荷蘭國民多半依靠火車通勤、旅遊於各大城小鎮之間。因此，火車被視為荷蘭境內最主要的大眾交通工具。另外，荷蘭境內所屬荷蘭鐵路局的各種火車均不需要劃位。

新冠肺炎疫情後，荷蘭鐵路局也開始推廣購買e-ticket火車票(需下載NS APP，並備妥證件和火車票上的QR code，以便查驗)，減少接觸也兼具環保。

▲ iOS

▲ Android

▲ 阿姆斯特丹中央火車站

強烈建議下載官方APP

荷蘭鐵路局(NS)不管在服務、形象和班車經常誤點上早已為人詬病。疫情解封之後更是每況愈下，過去幾個月來已發生數次的罷工，造成荷蘭全國交通癱瘓。主要原因和史基浦機場大同小異，一是人力短缺，二是勞資雙方在薪資上無法達成共識。目前已表明將縮減班次，票價也將上漲5.5%！

強烈建議下載官方APP，提早前往火車站候車，隨時查看時刻表有無異動，以及可能的誤點、罷工、停駛等相關訊息。

OV Pay將漸進推行

自2023年1月31日起，荷蘭將漸進推行搭乘公共交通工具也可以使用行動支付、信用卡或簽帳金融卡(Debit Card)，稱作OV Pay，目前尚未普及，最新消息可查詢官網。如果所持的OV-Chip卡已包含NS月票優惠方案(如Dal Vrij)，那麼只有使用OV-Chip卡才有優惠，無法用OV Pay。

http www.ovpay.nl/ens

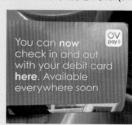

在車站人工售票處購票

在荷蘭，購買火車票不接受刷卡，一律使用現金，或在當地開戶核發的pinpas／betaalpas金融卡、或具有Maestro功能的金融卡、手機行動支付及信用卡。買好火車票，可請售票人員列印一份詳細的火車時刻表給你。時刻表資訊包含：中途停靠站名，停靠時間，轉車要在哪個車站下車、到哪個月台換車等，也可以上網自行列印。

▲到火車站人工售票處購票，若對車程時間、班次、轉乘有疑問，也可順便詢問人員

貼心 小提醒

若鐵路局旅工或停駛，會有巴士載客服務

荷蘭鐵路局近來會利用週末假期進行軌道修繕或施工工程(Werkzaamenheden)，除此之外，常見的停駛狀況還有故障(defect)、訊號干擾(seinstoring)和阻力干擾(versperring)等。如遇此種情況千萬不要擔心。鐵路局會安排接駁服務巴士載運旅客，並有服務人員於車站周邊待命以疏導協助乘客。鐵路局也會在施工日之前於火車站內貼出公告，以提醒搭車的民眾。

因鐵路施工而於車站旁服務的接駁巴士 ▲

多加利用鐵路局官網

在鐵路局官網上，不僅能購買火車票(e-ticket)，還能查詢火車時刻表、票價、實用資訊，以及中途會停靠的車站。對於預先安排行程、隨時掌握火車班次異動、預算規畫，相當有幫助！假如你沒有購買OV-Chip卡，或是無法透過人工售票處、火車站黃色售票機購票，那麼可以在官網上購買。但要記得，遇上查票時，都須出示證件或護照。車票上有QR Code，通過閘門前掃描QR Code即可通過。

http 荷蘭鐵路局官網：www.ns.nl

貼心 小提醒

列印的火車票要如何Check in？

在荷蘭鐵路局官網購買境內火車票或是前往其他歐洲城市的火車票，如巴黎、倫敦、布魯塞爾、布魯日、科隆、杜塞道夫等(一般國際線的火車為Thaleys和Eurostar這兩家公司)，要如何Check in呢？記得在出發前將火車票列印出來。車票上有一個QR Code，只要將QR Code對準驗票機上「scan ticket」字樣下方的透明亮圈掃描，確認後就可以通過閘門，前往月台。

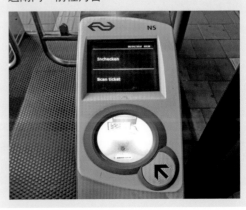

荷蘭鐵路局(NS)官網

在荷蘭鐵路局(NS)官網的首頁上，查詢班次資訊的下方有兩個功能：

A. Disruptions & Maintenance work (目前班次誤點及鐵路施工狀況資訊) /

B. More Information(更多實用資訊)。

此外，左下方第一個欄位Ticket & Supplements則分別有：

C. 單程票、來回票和Amsterdam Travel Ticket的解說。

查詢火車時刻表
Step by Step

Step ① 選擇英文頁面

點選這裡

Step ② 輸入行程資訊

輸入出發地、目的地和時間之後，按下Plan，左下方就會依照時間順序列出班次時刻表。

A.填入出發地(From) / B.填入目的地(To)，例：從阿姆斯特丹出發，前往鹿特丹，填入之後，畫面會出現(如上圖) / C.請選擇出發日期(日曆圖案) / D.請選擇出發時間(時鐘圖案) / E.最後點選藍色方塊Plan

Step ③ 查詢班次時刻表

依時間順序由上而下排列的班次時刻表，點選earlier可查詢較早的班次；網頁下拉可找到later鍵，點選即可查詢較晚的班次。

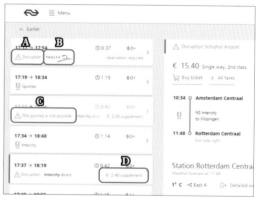

A.如果班次時刻表上顯示Disruption，表示該列車受某些原因干擾而誤點 / B.如果顯示THALYS圖案，表示該班次為國際列車，須持有國際火車票，並且需要預先劃位 / C.如果班次時刻表上顯示This Journey is not possible，表示該列車取消 / D.如果班次時刻表上顯示2.60 supplement，表示該列車為直達快車(IC Direct)，若要搭乘該班次，需另外加購2.60歐元車資

Step ④ 查看詳細資訊

將滑鼠移至適合你旅程計畫的班次，點選後即出現詳細的資料。

A.點選Print，可以將車程間會停靠的車站、轉車站、月台號碼和時間等一併列印下來／B.右上方的時鐘小圖顯示整個車程需要的時間／C.如果右上方顯示0 transfer，表示這個班次不需要換車／D.時刻表旁提供Platform月台號碼／E.點選時刻表旁的小行人圖示，可看到該班次的詳細資訊，包含乘客流量、火車準時度、座位數、車廂等級／F.最下方有目的地資訊，如：天氣、火車站內的商店、設施等

如果行程中途必須要先前往某個城市，請點選藍色鍵Plan旁邊的More option功能鍵。

 Step 1 先在via旁的表格輸入車站名稱。

 Step 2 最後點選Plan鍵，會顯示旅程班次時刻表提供參考。

A.「Additional minutes changeover time?」是額外轉車時間的意思

Step ⑤ 選擇票種及票價

點選All fares，會立即跳出另一個視窗，顯示單程（single）、來回（return）和季節票（Route season tickets），並依車廂等級及否有折扣卡列出票價提供參考。

A.單程票／B.來回票／C.季節票

交通篇

在鐵路局官網購買火車票 Step by Step

官網提供了上網購買火車票的服務，可使用金融卡（iDeal，需有荷蘭當地的銀行帳戶），或信用卡（Master / Visa / American Express）購票。APP的購票步驟相同。

Step1 挑選班次

選擇好班次後，請點選黃色鍵「Buy train ticket」（購票）。

乘車月台號碼

Step2 購票張數

點選成人票與孩童票張數、單程或來回車程、車廂等級（一等車廂需加付10.33歐元），再查核右上的總價表格是否正確。下方有加購選項（Extra option），如需搭乘快速直達車（Intercity direct）需勾選。

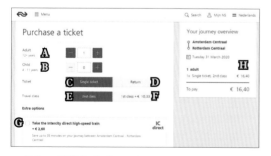

A.成人(12歲以上)張數 / B.孩童(4～11歲)張數 / C.單程(Singleticket)車票 / D.來回(Return)車票 / E.二等車廂(2nd class) / F.一等車廂(1st class)，需加付10.33歐元 / G.加購選項(Extra Option)需增加2.60歐元 / H.班次與票價總額

Step3 填寫個人資料

填入你的英文名字縮寫（Initial）和姓氏（Surname），接著點選黃色的付款按鍵。

A.英文名字縮寫 / B.姓氏 / C.付款按鍵(To payment method)

Step4 付款

付款時先輸入email，然後選擇付款方式：iDeal或信用卡。如果以iDeal方式付款，請選擇在當地開戶的銀行。如果是以信用卡付款，在勾選下方接受購票條件的選項後就會直接導入輸入信用卡卡號的頁面，輸入並確認無誤之後，點選Betalen（付款）鍵，就完成購票了。數分鐘後，就能透過email收取你的車票。下方的兩個選項：
□願意收到電子報及優惠通知（可勾或不勾）
□接受購票條款（請勾選）I accept…

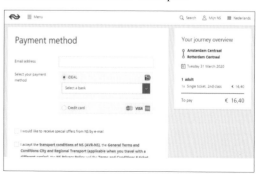

購買其他種類車票

旅客可於火車站內的黃色自動售票機購買其他種類的車票。包括匿名OV-Chip卡、一日票、腳踏車票、寵物票和跨國火車票。如仍不擅操作，可至車站人工售票處購票。無設置人工售票處的小鎮僅限透過火車自動售票機購票。

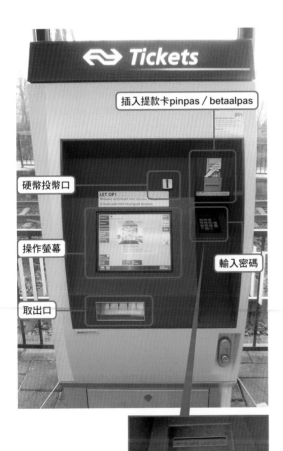

插入提款卡pinpas / betaalpas

硬幣投幣口

操作螢幕

輸入密碼

取出口

停止鍵

更正鍵

確認鍵

貼心 小提醒

貪小便宜不買票搭車？萬萬使不得！

搭車一定要購票，切勿貪小便宜！若心想也許不會這麼剛好，碰到查票員查票，一旦被發現沒有購票刷卡就搭車，罰鍰金額將高達40歐元，得不償失。如果你購買的是GVB公共交通票、I amsterdam City Card，請務必記得第一次上車刷卡的時間，然後推算這張卡可以使用到隔日的時間。

金融卡使用叮嚀

使用pinpas／betaalpas(見P.36)、金融卡或具Maestro功能的提款卡購票，插入卡片後，需等候數秒鐘，待機器讀取後，會顯示「Neem U de Kaart uit」，表示你必須先將卡片取出，再輸入密碼。輸入完畢，按綠色的「Ja」鍵。按完後會詢問是否要收據：「Ja」是需要，「Nee」是不需要。收據則會在車票之後才出現。

行家 祕技　電商優惠票，旅客荷包省

這是由荷蘭電商所推出的優惠火車票，平均一張票價約10～15歐元左右，對於前往荷蘭的遊客來說，非常划算！這類型的車票有幾種：

■ **單程優惠票**(荷蘭境內任兩個地點之間的單程火車票Single)：票價為11.50歐元。限離峰時間09:00～16:00、18:30～24:00，24:00～06:30使用。假日則全天都可使用。

■ **單日火車票**(荷蘭境內兩個地點之間的來回票Day Return)：票價為19歐元。限離峰時間09:00～16:00、18:30～24:00，24:00～06:30使用。假日則全天都可使用。

http www.actievandedag.nl/categorie/goedkope-trein kaartjes (僅荷文版)

交通篇

購買單程票、來回票 Step by Step

Step 1 選擇票種

於售票機螢幕首頁先點選左下角的英文版。版上頭顯示：歡迎你來到此車站(該車站名稱)，下方有3個選項，請點選單程(One Way Ticket)或來回(Return Ticket)。(如果你點選「Other Products」，即顯示兒童票、一日票、國際車票、腳踏車票、寵物票、加購直達車票及購買OV-Chip卡3種選項。)

A.買單程票(One Way) / B.買來回票(Day Return) / C.其他：腳踏車票、寵物票及老人 / 兒童票(Other Products)

Step 2 選擇出發與目的地

接著螢幕會出現幾排英文字母讓你搜尋目的地名。如果你在阿姆斯特丹中央火車站購票，該車站售票機的出發地一律為阿姆斯特丹。例：欲購買從阿姆斯特丹前往鹿特丹(Rotterdam Centraal)的火車票，請先在英文字母列表點選前兩個英文字母「R」、「O」，螢幕上就會出現所有「R」開頭的城市名稱。最後找到Rotterdam Centraal即可點選。

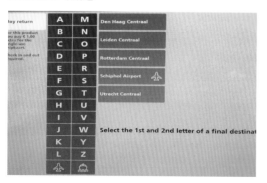

Step 3 選擇人數、票種

選擇人數、單程或來回票、其他車票及付款方式。若不是今天要出發，請點擊Valid today，會出現日期選項。如果要重新選擇出發地或目的地，只要點擊該車站名稱，就會跳回字母頁面。

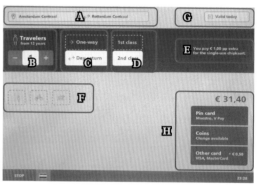

A.出發地及目的地 / B.人數，須滿12歲 / C.單程或來回票 / D.車廂等級 / E.如果你購買單程OV-Chip車票，每位乘客必須另外支付1歐元 / F.如果你有兒童、腳踏車和寵物共乘，需另外購票。點選圖案即會跳到另一個購票螢幕 / G.車票使用有效期限為今日 / H.付款方式

Step 4 付款

付款方式有3種，如果以硬幣付款，必須到有投幣孔(位在螢幕上方)的售票機購票，機器僅接受2歐元、1歐元、0.5歐元、0.2歐元及0.1歐元硬幣。也可以信用卡或金融卡如Maestro / V-Pay卡付款。

A.金融卡(Maestro/V-Pay) / B.硬幣(Coins) / C.信用卡(Master/Visa)，需多支付0.50歐元)

購買一日票+OV-Chip匿名卡 Step by Step

此票種適合尚未擁有OV-Chip卡，但想要1日悠遊荷蘭多個城鎮，並順便購買OV-Chip匿名卡的旅客。

 Step 1 選擇Buy an OV-chipkaart

請先點選螢幕左下方的英文本版，再選擇Other Products，然後選Buy an OV-chipkaart。接著螢幕上會出現4個選項。

 Step 2 購買匿名卡+1日票

請點選OV-chipkaart with One-Day Unlimited Traveling選項。

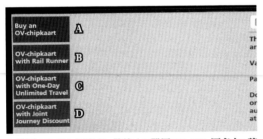

A.購買OV-Chip匿名卡+儲值 / B.購買OV-Chip匿名卡+孩童票(4～11歲) / C.購買OV-Chip匿名卡+1日票 / D.購買OV-Chip匿名卡+同行折扣票

Step 3 選擇車廂等級及時間

選車廂等級、出發時間(當日或其他日期)。

Step 4 最後付款

只購買一日票 Step by Step

不想購買OV-Chip匿名卡的旅客，如果只想購買其他種類1日悠遊火車票，請依下述操作。

Step 1 選擇Day Ticket

請先點選螢幕首頁英文本版Other Products，接著選擇Day Ticket。接著螢幕上會出現Step2的3個票種。

Step 2 選好購票資訊並付款

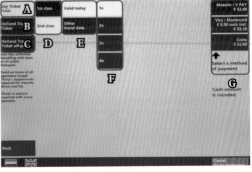

A.Day Ticket Train：1日悠遊火車票 / B.Holland Travel Ticket：1日悠遊火車票包含荷蘭全境所有巴士、電車、地鐵 / C.Holland Travel Ticket off-Peak：1日悠遊火車票包含荷蘭全境所有巴士、電車、地鐵但限離峰時段使用(早晨06:30之前、09:00點之後、傍晚18:30之後以及週末) / D.選擇車廂等級 / E.選擇出發時間(今天或其他日期) / F.選擇車票張數 / G.選擇付款

交通篇

購票儲值請提早到

如果你需要利用火車售票機購買OV-Chip卡式車票或儲值，最好在搭車前15～20分鐘抵達車站。有時候遇到尖峰時間或假日，人潮較多，經常必須排隊；若不諳機器操作，再加上內心又急迫，最後反而會錯過了班車的時間。

小型折疊車無需購票

如果攜帶的是小型折疊腳踏車，不需購買腳踏車票，但是上車之後務必將腳踏車折起收好上鎖，並停放在有腳踏車圖樣的車廂位置。尖峰時間06:30～09:00以及16:00～18:30不可攜帶腳踏車上火車。

豆知識

車票的專有名詞

參考P.84「Step 2」的B和D。

■ **Rail Runner Age 4 up to 11**：這是專屬4～11歲孩童票。須由家長陪同，最多可購買3張。

■ **Joint Journey Discount**：例如2人相約同行，若其中一人持有任一張備有折扣的月票或年票，而你本身未持有或已有匿名或個人OV-Chip卡，但無享有折扣優惠，那麼選購此功能即可享有40%的優惠。最多可加惠至3人但需同行。

請注意：先購買要前往的車程票，再購買Joint Journey Discount。如果此行是來回車程，購買時的張數請選擇x2。Check out之後半小時，40%優惠即失效，除非你選擇的是來回車程。此40%優惠不適用於早上06:30～09:00以及16:00～18:30。

購買腳踏車票、寵物票 Step by Step

Step 1 選擇票種

先點選螢幕左下角英文版本，再選Other Products。

Step 2 選擇腳踏車票或寵物票

先選擇Supplements，點選有腳踏車或寵物圖樣的選項。

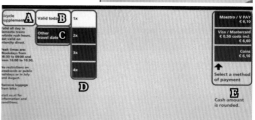

A.腳踏車票 / B.當日出發 / C.其他日期出發 / D.車廂等級 / E.付款方式

Step 3 付款

腳踏車票8.50歐元 / 寵物票3.50歐元

付款方式有3種，如果以硬幣付款，必須到有投幣孔(位在螢幕上方)的售票機購票，機器僅接受2歐元、1歐元、0.5歐元、0.2歐元及0.1歐元硬幣。也可以信用卡或金融卡如Maestro / V-Pay卡付款。

購買跨國火車票 Step by Step

Step 1 選擇票種

點選螢幕首頁英文版本Other Products，然後選擇Tickets選項中的International。

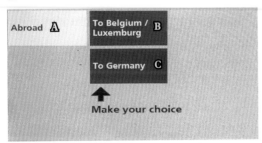

Step 2 選擇國家與城市

火車售票機提供前往比利時、盧森堡和德國各城市的火車票。建議讀者，可利用荷蘭國際火票網購票，網址如下。你可以購買從荷蘭前往比利時布魯塞爾、布魯日、安特衛普；德國柏林、杜塞多爾夫、科隆；法國巴黎和英國倫敦等歐陸火車票。

http www.nsinternational.nl

A.荷蘭境外 / B.往比利時 / 盧森堡 / C.往德國

Step 3 選擇票種與目的地

接著你可以選擇單程/來回、是否攜帶寵物、腳踏車或週末來回票。例如購買從阿姆斯特丹前往比利時安特衛普（Antertwerp）的來回火車票，螢幕會先出現英文字母方塊。請在英文字母列表上點選前兩個英文字母「A」和「N」，螢幕上就會出現所有A開頭的城市。找到Antertwerp即可點選。

Step 4 選擇張數，最後付款

接著選擇成人/學生/小孩/嬰兒票、無折扣（若有折扣卡，請點選NS Route with discount或NS Route with discount and Railplus）、出發時間（當日或其他日）、張數，最後可選擇其他票種、儲值和刷卡。

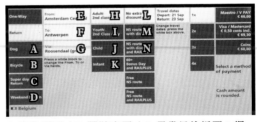

A.寵物車票 / B.腳踏車票 / C.需當日往返票：週一～五09:00過後方可使用此票；週六、週日以及7、8月則不限時間。此票不適用於盧森堡及法國。持有Voordeelurenabbonment折扣卡恕不再享折扣 / D.週末來回票：時間適用於週五、週六或週日出發，但需於週六或週日返回。此票不適用於盧森堡及法國。持有Voordeelurenabbonment折扣卡恕不再享折扣 / E.出發地 / F.目的地 / G.經由 / H.成人票二等車廂 / I.青年票二等車廂 / J.兒童票 / K.嬰兒票 / L.沒有額外的折扣 / M.持有適用於荷蘭國內線火車折扣卡 / N.持有適用於荷蘭國內線火車折扣卡及境外火車折扣卡

購買快速直達車票

荷蘭鐵路局於阿姆斯特丹、史基浦機場、鹿特丹和布瑞達(Breda)這4個火車站路線間提供了快速直達車(NS-Intercity direct,中途不停靠)服務,須另加購直達車車票才能搭乘。如果你要在最快的時間從阿姆斯特丹前往鹿特丹,就可以選擇此列車。有時例假日鐵路局會優惠乘客,或是有些Intercity Direct毋須另外支付Toeslag的2.60歐元,可事先詢問月台服務人員,或查看月台上的電子看板(參下方月台看板解析)。

而若利用鐵路局官網查詢從阿姆斯特丹到鹿特丹的直達快車(intercity direct)班次,班次表上假如顯示no supplement,即表示搭乘這班直達快車不需要再另購Toeslag(supplement)2.60歐元的直達票。如果你是使用OV-Chip卡,也不用再於紅色刷卡機刷卡。

快速直達車月台看板解析

常有讀者看標示是前往鹿特丹就上車,未看清月台標示的是直達車,由於未事先加購直達車票,若被查到,是會被罰鍰的。

A.Intercity direct指的是直達車 / B.Toeslag指的是必須加購直達車的車票才能搭乘此車

貼心 小提醒

不定時優惠,免加付Toeslag

有時荷蘭鐵路局會優惠乘客,即使是直達車也不需要加付Toeslag,請注意廣播或月台上方的乘車資訊電子看板。

在鐵路局官網購買直達車票 Step by Step

Step 1 查詢班次

先上鐵路局官網查詢班次(P.79)。從阿姆斯特丹前往鹿特丹,一般直達車車程時間約70分鐘。但選擇快速直達車(NS -Intercity direct),車程只需41分鐘。

Step 2 選擇view detail

接著點選班次表上方的view detail,會顯示:Bicycles are not permitted和Supplement for Schiphol - Rotterdam or vice versa,意即:搭乘這班列車是不允許攜帶腳踏車,而且要另外加付2.60歐元的車資(supplement is required)。總票價就是單程票15.10歐元再加上直達快車2.60歐元。

使用Toeslag刷卡機加購 Step by Step

如果你身邊已有OV-Chip卡,你也可以使用卡片,透過月台上的紅色車資加購機刷卡,就不用再利用黃色火車票售票機加購直達車車票。刷卡機為紅色,和一般刷卡機不同,上面有寫「Toeslag」,指加購直達車票。車資會直接從你的OV-Chip卡扣除。火車人員查票時會知道你有加購車資就不會被罰鍰。

從黃色售票機購買直達車票 Step by Step

如果你前往地目的地是往來於阿姆斯特丹、史基浦機場、鹿特丹和布瑞達(Breda)這幾個車站之間，但是沒有OV-Chip卡，需先透過黃色火車票售票機購買Loose Kaartje(單程或來回票)，方法見P.83，再透過以下步驟加購直達車票。若是已經買好了從阿姆斯特丹前往鹿特丹的Loose Kaartje(單程或來回票)，萬一臨時想改搭直達車(NS Intercity direct)，而該班車又有要求須加購2.60歐元supplement，也可以透過下述步驟加購。

Step 1 選擇IC-direct-ICE

請先點選螢幕首頁英文本版Other Products，下一頁選擇Supplements選項中的IC-direct——ICE。

Step 2 選好購票資訊並付款

選擇單程或來回、車廂等級、出發時間、張數，最後付款。

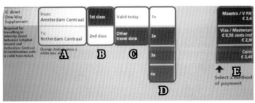

A.選擇單程或來回、出發地及目的地(阿姆斯特丹－鹿特丹)，這裡以單程為例／B.選擇車廂等級／C.選擇出發時間(今天或其他日期)／D.選擇車票張數／E.選擇付款方式

如何搭火車

Step 1 查看火車時刻表

荷蘭火車站除了大型火車電子時刻表看板，還會看到很多亮黃燈的看板，這就是「火車時刻表」。

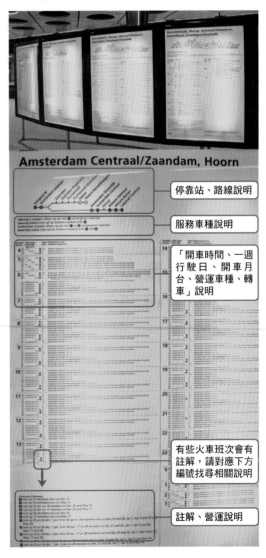

停靠站、路線說明

服務車種說明

「開車時間、一週行駛日、開車月台、營運車種、轉車」說明

有些火車班次會有註解，請對應下方編號找尋相關說明

註解、營運說明

Step ② 找到搭車月台

通往各月台前，都有電子看板顯示哪一班車在哪一月台(Spoor)出發。月台上，也有該月台號碼、現在所在火車站站名。如果對於坐哪班車、該到哪個月台候車、在哪一站轉車還是不太清楚，都可請教月台上穿著深藍色制服的鐵路服務人員。

月台時刻表解析

A.發車時間 / B.00:09分的火車將延遲約5分鐘 / C.目的地 / D.中途停靠站 / E.另一方1號月台的火車班次資訊 / F.下一班火車進站的時間 / G.該班次火車停開 / H.月台號碼

Step ③ 感應票卡 / 打印車票

請確定OV-Chip票卡裡面有足夠的金額，在刷卡機上感應票卡。例：如果你從阿姆斯特丹出發前往鹿特丹，只要在阿姆斯特丹火車站的刷卡機上刷卡，刷卡機若顯示綠燈即表示刷卡成功；若顯示紅燈，表示你的卡可能金額不足或卡有問題。若非金額不足的問題，請洽火車站售票服務處的服務人員。

Step ④ 刷卡出站

抵達鹿特丹站後下車記得在月台上的刷卡機再刷一次卡即可。請循「Uitgang」(出口)的標示離開月台。

行家祕技 火車站資訊看哪裡

荷蘭火車站及月台都增設了電視螢幕，提供火車發車時間、火車車種、目的地其月台號碼以及延遲或停開等相關重要資訊，對旅客來說非常方便。

行家祕技 如何確定刷卡成功

上車前刷卡Check in：

刷卡成功顯示綠燈，聲音是「嗶」一長聲，如果刷卡時顯示紅燈，聲音是兩長聲「嗶嗶」，螢幕上會出現「Probere opnieuw」表示刷卡未成功，請再刷一次。如果刷第二次還是不行，可能是你卡內的金額不足或卡有問題，必須查詢餘額並加值或前往售票服務中心請服務人員查詢。

下車時刷卡Check out：

刷卡成功顯示綠燈，聲音是兩個短聲「嗶嗶」；如果刷卡時出現紅燈，機器會發出3個響聲「嗶波嗶」，若螢幕上出現「Probere opnieuw」就必須再刷一次。如果刷第二次還是不行，可能是你的OV-Chip卡有問題，請立刻前往售票服務中心請服務人員查詢。

行家祕技 認識時刻表的重要詞彙

服務車種

Intercity＝類似台灣的自強號火車，停靠站較少，大多停大城市。

Sneltrein＝停靠站比Intercity多一些，類似台灣的莒光號火車。

Stoptrein＝中途每一站都停。

火車營運資訊

met overstap＝轉車

Bestemming＝目的地

Enschede＝轉車車站

Soort trein＝車種

Voetnoen＝說明(假日或特定日期，列車營運狀況)

niet op 1/1＝1/1不行駛

en＝和

Dagen waarop de trein rijdt＝火車行駛日

met toeslag＝需付額外票價

Vertrektijd＝離駛時間

reserveren aanbevolen＝最好先訂位

alleen op 5/1＝只於5/1行駛

ook op 12/26＝12/26照常行駛

van 26 mrt/t/m 28 okt＝從3/26到10/28

reserveren verplicht＝需事先訂位

stoppen allen op de met XX aangegeven stations ＝只停靠有XX標誌的車站

spoor＝月台

Richting＝前往的方向

Uitgang＝出口

星期、月分對照表

星期(縮寫)	月分(縮寫)
週一 / Ma	1月 / Jan
週二 / Di	2月 / Feb
週三 / Wo	3月 / Mrt
週四 / Do	4月 / Apr
週五 / Vr	5月 / Mei
週六 / Za	6月 / Jun
週日 / Zo	7月 / Jul
	8月 / Aug
	9月 / Sep
	10月 / Okt
	11月 / Nov
	12月 / Dec

貼心 小提醒

求助車站內的諮詢服務台

任何班次、月台、轉車等問題，可至火車站內的OV- Information諮詢服務台尋求協助。於車站內的刷卡閘門處也均有穿著背心外套(背後有個i)的服務人員可協助旅客，也提醒旅客務必刷卡，切勿逃票。

火車上的免費網路

荷蘭鐵路局的火車提供免費的Wi-Fi無線網路，只要按畫面操作就有免費的網路使用。

刷OV-Chip卡，極短時間內不扣錢

如果你沒有要搭火車，只是想通過火車站，或是進站買點東西吃，只要在進出閘門時刷OV-Chip卡即可，於極短時間內，卡片不會被扣錢。

請留意NS有3種火車

搭車時請務必留意，NS分別有3種火車，分別是Intercity、IntercityDirect和Sprinter。

■ **Intercity**：速度最快，車廂分成上下兩層。有一等車廂(first class)和二等車廂(second class)，只要看車廂上寫的是1還是2，就可以分辨。

■ **Intercity Direct**：行駛於阿姆斯特丹和鹿特丹之間的快速火車。Intercity的車票不能搭乘這種快速火車，需要加付2.60歐元的Toeslag(參P.87)。

■ **Sprinter**：類似台灣的區間車，即慢車。幾乎每站都停，行駛速度也比較慢。也有分一等和二等車廂。一等車廂的座位較少。

不管搭乘Intercity或Sprinter，票價都是一樣的，而且不用劃位／訂位。上網查詢班次或是在月台上方的班次資訊告示牌，都會註明是哪一種火車。

阿姆斯特丹中央火車站售票服務中心設施

Domestic Ticket通道

位於中央火車站左側設有Service Center。如果你要購買荷蘭境內火車票，可循往Domestic Ticket的通道。

International Ticket服務台

如果你想購買前往其他歐洲城市的火車票或相關問題需要協詢，可選擇International Ticket服務台。服務中心內另設有多個免費自助式查詢火車票的大型平板電腦。如果你預計前往其他歐洲國家旅遊，不妨多加利用，你也可以前來領取你的跨國火車票，但記得訂票代碼(於訂票確認email中的7個英文字母)。

資訊服務處

火車站內設有多個資訊服務處，任何有關火車票、OV-Chip卡、班次時刻表的問題都可以前往洽詢。當然，車站內也有服務人員隨時為乘客解答火車班次和時刻表等相關問題。

OV Servicewinkel服務處

為加強服務旅客，於火車站內另設有OV Servicewinkel，這裡的服務人員一樣可以幫你解答OV-Chip卡以及搭乘火車和市區各種公共交通工具的問題。

IJpassage悠閒區

整修後的中央火車站還特別設置一個安靜候車空間的IJpassage。這裡有書店、服飾店、咖啡館和精品館。你可以在這裡悠閒安靜地喝杯咖啡、逛逛書店，遠離車站內川流不息的人潮。

I amsterdam商店

想購買I amsterdam City Card和專屬100%阿姆斯特丹的紀念品，可至火車站後方新開幕的I amsterdam商店。

Service Point

如果鞋子壞了，或是有任何需要修修補補的話，就找Service Point幫忙喔！

藥房及五金行

火車站後方還新設立了藥房以及五金行。有看診和藥物諮詢的需求，藥房每天有有營業 (請參考應變篇)。

火車站周邊設施

▲A.失物招領 / B.置物櫃 / C.電梯 ▲身障廁所 ▲租腳踏車處

▲**吸菸區**：任何車廂全面禁菸。在月台候車時想吸菸，必須到月台設置的吸菸處吸菸(一根長型的柱子，中間鏤洞可彈菸灰和丟菸蒂)，否則被查到是要罰鍰60歐元的！

▲**出口**：「uitgang」表示往出口方向

▲**腳踏車滑道**：連接月台間的地下道特別在扶手下方設計腳踏車滑道，方便也減輕攜帶腳踏車的乘客於來往月台之間的負擔

▲**SOS機**：前往小鎮旅行，假使當地沒有人工售票服務處，但是需要搭車資訊，或遇上緊急狀況，可利用月台上的SOS機與服務人員聯絡

行家祕技 BAGAGE置物櫃

　　如果你因為洽商或短暫停留荷蘭，想趁此機會逛逛阿姆斯特丹數小時，或是在前往機場前還想在市中心逛逛，可是身上有著厚重的行李、背包該怎麼辦？阿姆斯特丹火車站的右側貼心地為旅客提供了上百個置物櫃。

🕐 07:00～23:00
💲 小置物櫃5歐元，大置物櫃7歐元
ℹ️ 使用方式：將背包放入後關上鎖好，投幣付款後取票，票上有置物櫃號碼及條碼。要取出背包時，只要將票插入機器中，置物櫃門就會自動打開。若操作有誤或遇到任何問題，請向服務台求助

火車車廂內設施

▲**目的地標誌**：火車上，會有標誌告訴你目的地是哪一站

▲**上車開門**：上火車時，如果發現車門沒開，可按下火車門旁的鈕，車門就會開啟

▲**下車開門**：下火車時，車門旁邊有一個開關，只要按下「Openen」，車門就會打開 / A.開門 / B.關門

▲ **車廂資訊**：每一節車廂門上，都標示著車廂號碼、車廂等級

▲ **車廂等級**：火車車廂外，都會標示各車廂等級

▲ **腳踏車停放指定車廂**：腳踏車上鎖停放在有「腳踏車標誌」的車廂，如遇該車廂已滿，再選擇其他較空車廂停放

▲ **荷蘭雙層式火車**

▲ **火車資訊螢幕**：新裝設了火車資訊螢幕，讓乘客了解該火車的路線、停靠站以及抵達每個站的時間。這類型的火車還提供免費的無線網路服務。點選wifi in de trein，然後勾選接受網路條件並點擊藍色方塊就可以直接連上網路了

▲ **安靜車廂**：如果你坐的車廂內，在門的上方有噓聲及紅斜線的禁手機標示，或者是窗戶上有貼著「Stile」的標示，意思就是：本車廂為安靜車廂，談話請保持輕聲且禁用手機

▲ **垃圾桶**：座位前方有一個掀蓋，打開就是垃圾桶

▲ **活動桌**：座位前方的椅背往下拉就是小桌子

▲ **衣服掛勾**：窗戶上方有一個橢圓形的掛勾可用來掛衣服。掛勾旁的藍燈為閱讀燈。按一下即燈亮／熄

▲ **緊急拉環**：若有緊急情況發生，請拉紅色拉環，但最好趕緊先通知火車查票員予以協助

▲ **馬桶沖水**：按下馬桶旁紅色圈燈

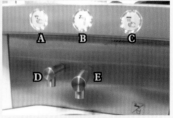

▲ **洗手台**：3個按鈕燈的功用為：A.洗手乳／B.洗手／C.烘手／D.洗手乳流出處／E.水龍頭

巴士、電車

阿姆斯特丹的景點,都可以靠巴士、電車或步行前往,快速且方便。

荷蘭的市區內,多靠巴士或電車負責運輸大計。不過,只有阿姆斯特丹、鹿特丹這類大城市,才有電車。在阿姆斯特丹境內,電車與巴士,尤其是中央火車站前的數條路線,等於串聯了阿姆斯特丹所有主要觀光景點,對旅人來說,相當方便。

▲ 鹿特丹中央火車站

查詢阿姆斯特丹市區巴士與電車的時刻表與路線圖

http 查詢網址:en.gvb.nl

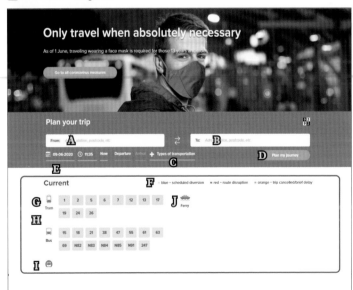

A. From(輸入出發地街名、站名或郵遞區號等)

B. To(輸入目的地街名、站名或郵遞區號等)

C. + Types of Transportation:點選+號,會出現不同的交通工具(電車、巴士、渡船、地鐵、火車)可複選以供乘客參考來決定搭乘哪一車種和路線較為方便

D. 黃色鍵 Plan my journey 計畫你的行程

E. Current目前各車種的通行狀況

F. ■=路線繞行、■=路線中斷、■=班次取消/短暫誤點

將滑鼠移至車號方塊上,比方電車5號;會跳出一連結(more information),接著點選該連結,即載入下一頁顯示該班次路線和時刻表,最重要的是上方有一個三角形包含驚嘆號的圖標,點選該圖標即顯示目前5號電車於某期間因部分原因所以有些路段會繞行等訊息)

G. Tram電車路線

H. Bus巴士路線

I. Metro地鐵路線

J. Ferry渡船(Buiksloterweg站Central Station中央火車站)

巴士

搭巴士 Step by Step

Step 1 買車票

購買或儲值OV-Chip卡如前述。或可以前往位於中央火車站對面的GVB服務中心購買GVB Card。也可直接向司機買24小時的GVB Card、單程票（P.70）。

單程1小時有效的GVB Card ▶

Step 2 等候巴士

到達巴士站後，先查看巴士時刻表，巴士停靠站也設有電子看板。 **小提醒** 「巴士、電車時刻表」長得一樣，搭電車不必另外學。

Step 3 上車並刷卡

搭車時，請從前門上車(到站後，則從後門下車)下車時，司機一定會把車停穩，待確定所有乘客都安全下了車，才會駛離。

♥ 貼心 小提醒

票券收好，查票員隨時查票

■搭乘巴士、電車、地鐵時，在任何時間或地點，都可能有查票員隨機上車，抽查乘客是否持OV-Chip卡搭車和刷卡，若經查到沒有持卡及刷卡搭車，一律處以罰鍰。

■Amsterdam & Region Travel Ticket、I amsterdam City Card、GVB Card，上車時記得給司機或查票員查看有效日期。

Step 4 確認下車站名

有的巴士車上會提供路線電子看板，方便乘客知道每個停靠站，確認目的地到了沒。若不確定要在哪一站下車，也可請司機於到站時，通知你下車。

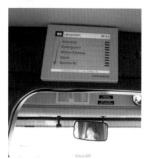

Step 5 抵達目的地刷卡、下車

不管轉車或是電車、巴士、地鐵之間換乘，上下車都要刷卡。到站請從後門下車。

巴士、電車時刻表解析

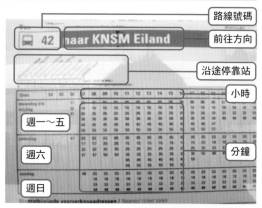

	路線號碼
	前往方向
	沿途停靠站
	小時
週一～五	
週六	分鐘
週日	

巴士路線資訊看這裡

貼心 小提醒

沒有OV-Chip卡，請先買好GVB Card

　　若你要搭乘公共交通工具遊阿姆斯特丹，但沒有OV-Chip個人或匿名卡，也沒有I Amsterdam City Card、Amsterdam Travel Ticket，請務必在上車前先買好GVB公共交通票。你可以透過車站的GVB售票機購票(P.98)。若欲在巴士或電車上直接向司機或售票員購票，要注意車上並不接受現金付款，僅接受手機支付、信用卡或金融卡付款。

上下車切記刷卡

　　搭車時，不論是持OV-Chip卡、GVB公共交通票以及任何一種本書有介紹的交通卡，上車及下車時一定要在刷卡機上刷卡，否則卡內部分的金額會被扣除，千萬要記住喔！

夜間巴士

　　阿姆斯特丹提供夜間巴士服務(N81、N82、N83、N84、N85、N86、N87、N88、N89、N91、N93)，起迄點均為中央火車站(Centraal Station)後方的Ijzijde，並停靠林布蘭廣場(Rembrandt-plein)和萊茲廣場(Leidseplein)等區。巴士服務時間依照路線而不同，約從01:00～05:00，每半小時1班。可使用OV-Chip卡、GVB Card乘車，或直接上車向司機買票，票價和白天不同，單程票為4.70歐元(車上不收現金，可刷當地金融卡、信用卡)，可在1.5小時內於同一區域換搭其他路線的夜間巴士；　**請注意**　GVB Card不適用於Connexxion公司的巴士，如果剛好在週末搭乘Connexxion公司經營的Niteliner夜間巴士，例如Niteliner 92號，必須於上車時向司機購票(不接受現金)，或使用OV-Chip卡付款。

　　夜間巴士跟白天的市區觀光巴士長得一樣只是號碼不同。欲搭乘Hop on Hop off 巴士遊阿姆斯特丹市區，可前往VVV旅遊中心或Tours and Tickets旅遊商店購票。

電車

搭電車 Step by Step

Step 1　上車刷卡(或購票)

　　如果沒有OV-Chip卡或其他旅遊卡，請向售票員或司機購買單程零售票，記得在刷卡機上刷卡，下車時再刷一次。持其他種類交通票卡則需讓司機查看有效日期。若不清楚去某個景點該在哪一站下車，也可請他告訴你。

Step 2　確認下車站名

　　電車上，設有顯示每個停靠站的電子看板或路線圖，也會有跑馬燈及語音，或有售票人員廣播，告訴你即將到達的站名，以及下一站站名。

交通篇

Step ③ 刷卡後按鈕開門下車

各扶手上有紅色下車鈴，讓司機知道你要下車。下車時，電車門旁的手把上有「綠色開門鈕」，要按一下，車門才會打開。

下車按這裡

開門按這裡

貼心 小提醒

紅色對講機

緊急情況發生時，可按對講機與司機通話。

地鐵

在阿姆斯特丹，最方便的就是有多條電車、地鐵路線前往市中心。

荷蘭的地鐵路線建造得很短，地鐵主要功能應算是通勤接駁，服務居住在郊區的民眾前往市中心。目前，全荷蘭只有阿姆斯特丹、鹿特丹和海牙這3個城市有地鐵系統。

阿姆斯特丹中央火車站，站前為電車站及地鐵站，後方的Ijzijde為巴士／夜間巴士站，及地鐵站的另一出口。阿姆斯特丹總共有4條地鐵線前往市中心各地區，包括了自2018年7月新增的52號。尤其是52號，每6分鐘一班。即使路線短，但連接阿姆斯特丹南、北兩區，而且每個停靠站均靠近市區內重要景點，下車後步行前往很方便。各個停靠站的空間都相當寬敞明亮，站內也非常乾淨，旅客不妨多加利用。

貼心 小提醒

阿姆斯特丹市區地鐵52線

阿姆斯特丹市區內的電車及巴士路線於2018年7月全面更換，並新增往來阿姆斯特丹南區和北區的地鐵52線，此線行經市區主要景點，且通過中央火車站及南站。主要停靠站：

■ **Centraal Station(中央火車站)**

■ **Rokin**：往水壩廣場(De Dam)、杜莎夫人蠟像館(Madame Tussauds)、購物街(Kalverstraat)、辛格花市(Singel Bloemenmarkt)、安妮法蘭克之家(Anne Frank huis)等景點

■ **Vijzelgracht**：往萊茲廣場(Leidseplein)、林布蘭廣場(Rembrandtplein)、海尼根啤酒體驗館(Heineken Experience)等景點

■ **De Pijp**：往奧柏特奎伯露天市場(Albert Cuypmarkt)等景點

GVB公共交通票

全新的GVB購票機在火車站及部分電車站都有設置。可以利用這台機器購買GVB公共交通票（單程票、日票），以及儲值OV-Chip卡。

購買1日票 Step by Step

Step ① 點選左下角語言

請選擇英語English。

Step ② 選擇張數

點選購買1日票後，進入選擇張數的畫面。

Step ③ 進行付款

僅限以金融卡和感應式支付。

Step ④ 購買其他票券

如點選「Other products」鍵，可購買其他紙張式票卡（paper tickets），票種有：

- 1.5小時票（可使用巴士、電車和地鐵，限GVB、Connexxion和EBS這3家公司）
- 1.5小時夜間巴士票（僅限使用於N81～N93號夜間巴士）
- 1小時票+腳踏車票（僅限使用於電車26號和GVB地鐵）
- Amsterdam and region ticket（包括Amsterdam Travel Ticket和Amsterdam Region Travel Ticket）。Amsterdam Travel Ticket 限使用於阿姆斯特丹市區內和與史基浦機場之間的GVB巴士、荷蘭鐵路局（NS）火車和Connexxion 397及N97夜間巴士。 Amsterdam Region Travel Ticket 則使

交通篇

用於阿姆斯特丹市區內和周邊近郊的城鎮之間的GVB／EBS／Conexxion公司的巴士及荷蘭鐵路局（NS）火車。（請參考P.72）

此外，還有另一個按鍵是「I have OV-Chip Card」。這個功能是讓已持有OV-Chip卡的乘客能夠使用及查詢以下功能：（請將OV-Chip卡置於讀卡處）

A.查看卡片內容／B.餘額／C.購票交易紀錄／D.旅遊紀錄(於哪個車站上下車)

A.上傳到你的OV-Chip卡，你要以此卡購買哪種票卡？／B.腳踏車／C.夜間巴士／D.1小時票或日票／D.其他票種

儲值 Step by Step

不管你是個人卡或是匿名卡，點選Step 1上的「Load balance」；然後將卡片置於讀卡機處感應，螢幕會顯示卡片餘額，接著選擇你要儲值的金額；若沒有你要的選擇項目，請先點「選擇金額」（Select amount），然後輸入金額，輸入後再點選底下的「確認」（Confirm and continue）。付款方式同上。付款方式同上。

A.感應式支付／B.插卡式支付

路上觀察 火車站裡的鋼琴聲

荷蘭大城市的火車站內近來架設了一架舊鋼琴，當熙來攘往的乘客看到這架鋼琴都想躍躍欲試，大展琴技。不在乎你的琴技好或不好，只要有勇氣坐下來，彈上你最拿手的曲子，就算是簡單的Do Re Mi小蜜蜂，透過火車站挑高的天頂傳遞，都能讓路過的行人忍不住被琴聲吸引，有人甚至走到一半，轉向彈琴者而忘了自己要趕車，手癢也想來一較高下。人聲鼎沸的火車站伴隨著倉促的腳步以及紛至沓來的班次廣播，都因為這琴聲，讓急忙的心情頓時放鬆不少。

地鐵路線圖解析

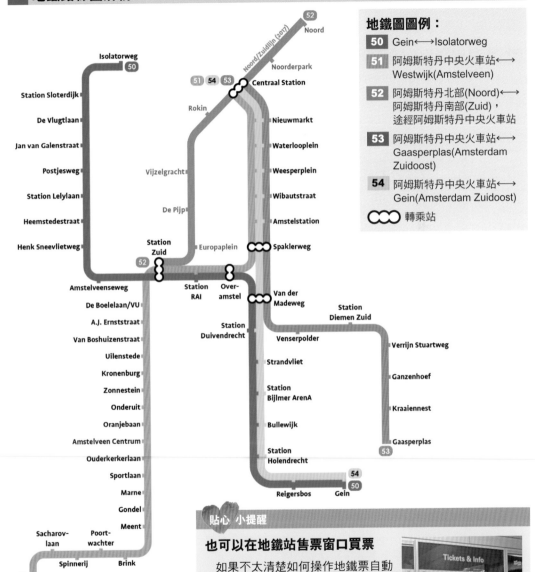

地鐵圖圖例：

50 Gein ←→ Isolatorweg

51 阿姆斯特丹中央火車站 ←→ Westwijk(Amstelveen)

52 阿姆斯特丹北部(Noord) ←→ 阿姆斯特丹南部(Zuid)，途經阿姆斯特丹中央火車站

53 阿姆斯特丹中央火車站 ←→ Gaasperplas(Amsterdam Zuidoost)

54 阿姆斯特丹中央火車站 ←→ Gein(Amsterdam Zuidoost)

⬤⬤⬤ 轉乘站

貼心 小提醒

也可以在地鐵站售票窗口買票

　　如果不太清楚如何操作地鐵票自動售票機，建議可直接到人工售票處詢問，請相關人員協助。中央火車站前部分的電車站也設有GVB售票機。如不善操作，通常會有穿著GVB背心制服的服務人員於一旁協助。

搭乘地鐵

搭地鐵 Step by Step

Step 1 買OV-Chip卡或單程票

請參考P.64及P.98自動售票機儲值及購票步驟。

Step 2 通過閘門，月台候車

通過閘門，請依月台指標前行，很容易就能找到月台候車。

▲ 地鐵車廂門內的上方有路線圖及各站名稱

阿姆斯特丹觀光船

荷蘭利用運河發展水利、貿易、運輸，還有觀光業。

阿姆斯特丹被公認為荷蘭的「水都」，運河交織，不管夜晚白天，你都會覺得：這個城市還真「水」啊！對於旅遊這個親水國家及城市，來到阿姆斯特丹，遊運河應該要排進你的旅遊日誌，嘗試一下在運河上航行的感覺。阿姆斯特丹提供了多種不同遊運河的方式：搭乘遊船、自行租船、浪漫兩人行、獨木舟、團體遊等。

其實，荷蘭人比觀光客更愛航行。運河上穿梭的，不只是觀光遊船，還有大大小小的私人船隻與你擦身而過。繁忙的景象，如同陸地交通般，教人難以想像。船對荷蘭人來說是另一項交通工具，他們不僅在荷蘭境內航行，也熱愛航渡其他歐洲國家旅行。

搭乘觀光遊船

1小時的遊河行程，費用15歐元起跳；在船上購買飲料或食物，需另付費。時間較長的運河之旅，收費亦高，有的甚至包含晚餐，可依自己的

喜好或預算做選擇。像是Canal Bus就推出多種行程，包括2小時市區遊、燭光晚餐遊、夜間遊船……等。大推夜間遊船！可好好欣賞阿姆斯特丹夜景，尤其是每年年底爲期近兩個月的阿姆斯特丹燈節時。

大部分遊船處都集中在阿姆斯特丹中央火車站前周邊，及萊茲廣場上Holland Casino賭場旁的運河處，很容易就找到。目前阿姆斯特丹中央火車站前腹地正在進行重建整修，但遊船還是照常營運，只是過馬路和上下碼頭時，請多加小心。若不想和一堆觀光客擠坐船，不妨租用腳踏船。4人座腳踏船，可以從任一停船處，騎到離你要前往的景點最近的停船處，不用「原處還船」。

自行租船

市區主要的運河由西到東爲：紳士運河（Herengracht）、王子運河（Prinsengracht）、國王運河（Keizersgracht）、辛格運河（Singel）。旅遊運河的重點在於欣賞兩旁各種造型的運河屋。

■**西運河環帶**：約旦區（Jordaan）、西教堂、安妮之家、辛格花市、錢幣塔

■**東運河環帶**：善德街（Zeedijk，有唐人街之稱）、紅燈區、林布蘭之家、貝翰修道院（Begijnhof）

Mokumboot

如果你想自己試試身手駕船，或者和幾個好友一塊兒租船，或是雇一位船長帶你遊運河，Mokumboot不分四季，提供給遊客另一種遊玩運河的需求。市區內總共有7個點，任遊客上船及停泊。

http mokumbootverhuur.nl/en/home

Kayak

如果你想挑戰身手，就來試試Kayak獨木舟遊運河。靠著一張橡皮艇和一個划槳，漫遊運河，還可以順便練練自己的核心肌群！

http anoensupamsterdam.nl

Rederij Aemstelland

若想同乘復古經典的Saloon Boat，同時享受一頓浪漫的燭光晚餐，Rederij Aemstelland提供不同的行程。

http aemstelland.nl

▲ 夏天的運河，整條船滿滿是遊客，傍晚，慢緩滑行的遊艇透出燭光，在水面上化成火紅的漁火

交通篇

市區內遊船服務據點地圖

central station - west 中央火車站西側

Jordaan

安妮法蘭克之家 (約旦區)
anne frank house jordaan

水壩廣場、 安妮法蘭克之家
dam square anne frank house

Central Station

central station - east 中央火車站東側

PTA-passenger terminal

passenger terminal 阿姆斯特丹客運樞紐站

Western Canal

Westerkerk

China-town

Red Light District

NEMO

nemo

海事博物館、 亞提斯動物園
maritime museum artis zoo

National Maritime Museum

Nieuwmarkt

阿姆斯特丹運河、 船屋博物館
amsterdam museum het grachtenhuis

Jordaan

Old Town

林布蘭之家、 鑽石工廠
rembrandt house gassan diamonds

Nemo科學館

Gassan Diamonds

隱士博物館、 市政府
hermitage city hall

City Hall & Opera

De Gooyer

Flower Market

rembrandtplein 林布蘭廣場

The Plantage

Hermitage

Artis Royal Zoo

dapper market tropenmuseum
熱帶博物館、 Dapper異國市場

萊茲廣場、 風斗公園
leidseplein vondelpark

Leidse-plein

Southern

Magere Brug

Carré

Tropen-museum

國家博物館、 梵谷美術館

Fashion & Museum District

rijksmuseum van gogh muse

觀光遊船資訊看這裡

博物館主題遊船 & Hop on - Hop off Boat 市區觀光遊船

　　如果想搭乘運河遊船，可以直接前往運河旁的遊船公司購票。欲上網查詢或預訂運河、博物館主題、Hop on - Hop off市區等觀光遊船，請參考觀光遊船總網站。相關的遊船資訊也可以至中央火車站對面的旅遊服務中心、Tours & Tickets旅遊店洽詢。

http www.stromma.com

介紹6家遊船公司

　　這邊再提供其他6家遊船公司，大家可以根據自己的喜好跟行程選擇適合的方案。

Blue Boat Company
http www.blueboat.nl

Cruise Like A Local-KINboat
http kinboat.com
✉ Open Havenfront

Amsterdam Circle Line
http amsterdamcircleline.nl

Rederij Plas
http www.rederijplas.nl
✉ Damrak碼頭1-3號

Lovers
http www.lovers.nl
✉ Prins Hendrikkade t.o. 25-27

Rederij
http www.rederijkooij.nl
✉ Rokin區125號對面

＊資料時有異動，請以官方公布的最新資料為主

荷蘭境內大眾運輸系統——
腳踏車

荷蘭每個家庭幾乎每個人都有一台腳踏車，稱得上是腳踏車王國。

荷蘭，稱得上是「腳踏車王國」。騎腳踏車不只是休閒生活或運動旅遊，更是最重要的交通工具之一，這情形之普遍，不輸利用巴士、電車通勤。在荷蘭，一個人有2輛以上腳踏車，是很普通的事。

而且腳踏車有專用停車場／停車欄、專屬腳踏車道，更有詳細的方向指示、公里數標誌，對當地居民和騎腳踏車旅行的人來說，實在很貼心。

腳踏車旅行

荷蘭的天氣雖然比較差，對騎腳踏車旅行來說，多少有些影響，但這真的是個很適合以腳踏車旅行的國度。因為道路皆設腳踏車專用道，路邊還有專屬腳踏車的指示標誌，並標上公里數，提醒你前往各地的距離和方向。整個國家只有平地沒山脈，若是天氣好，騎腳踏車旅行，真是輕鬆安全又自在。

如果要帶腳踏車搭火車旅行，記得也要幫腳踏車買一張票。1天的票價為7.50歐元，且必須將車停放在腳踏車的車廂。

要購買腳踏車票，可直接向火車站的人工售票處購買，或利用自動售票機「購買腳踏車票、寵物票」（P.85）。

小提醒 若攜帶小型折疊式腳踏車上火車，則不需購買腳踏車票。

貼心 小提醒

天黑記得開車燈

秋冬季節到荷蘭旅遊，由於天色暗得早(10月底～3月底，16:00過後即天黑)，16:00過後一定要打開腳踏車的前後車燈，讓來往的車輛看得見你，以保護自身安全。若忘了開車燈或車燈故障，遭警察攔下，一律處以60歐元罰鍰。

租腳踏車

在荷蘭租腳踏車，一定要注意安全與失竊，因為這裡的腳踏車失竊率非常高。幸好，荷蘭的腳踏車多了一道鎖。這鎖位在座墊下方，一般人可能很少發現。鎖了這道鎖，整輛腳踏車就無法行駛，但千萬記得妥善保管鑰匙，否則不但無法開鎖，還得賠償租車店鑰匙、換新鎖的費用。在

交通篇

荷蘭，這些費用都相當昂貴。如果是前往荷蘭工作留學，不想購買二手腳踏車，不妨選擇「月租型」的腳踏車（www.swapfiets.nl或下載APP）。

▲ 火車站旁的腳踏車店

貼心 小提醒

租腳踏車注意事項

如果你想在火車站旁或一般的腳踏車出租處租用腳踏車：

■ **租金**：約7.50～14.50歐元(3小時～1天)，多一天為8～10歐元，視店家、車種和租時而定，所有費用皆包含失竊保險。

■ **證件、押金**：租車時記得攜帶證件及押金。每家收取的押金不同，約50～100歐元不等，請事先向店內人員詢問(價格若有調整，依店內定價為準)。

■ **腳踏車特色**：荷蘭的腳踏車大多為「腳踩煞車」，東方人大多習慣使用手煞車。可告知店家，你想租手煞腳踏車。

■ **車況檢查**：千萬要先檢查車況，例如：煞車是否故障、鏈條有無脫落、輪胎氣是否飽和等等，如果事前沒檢查，或是有問題卻沒事先告知店家，等到還車時被發現，有可能將責任歸咎於你，並從押金裡抵扣損壞維修費用。

■ **切記一定要鎖車**：腳踏車在荷蘭是最方便的交通工具，可是失竊率非常高。一輛全新腳踏車的價錢(約1,200～2,000歐元)，甚至在台灣可以買一部摩托車。所以，千萬記得要把腳踏車鎖好！

Mac Bike腳踏車出租推薦

在荷蘭，光是阿姆斯特丹就有超過80萬台的腳踏車，遠遠超過當地人口，就連政治人物、總理、王室成員，也喜歡騎腳踏車。在這裡，要租借或維修腳踏車都十分方便。最著名的紅色牌Mac Bike是阿姆斯特丹排名第一的租賃公司，信譽良好，還不時給予遊客優惠。

Mac Bike在阿姆斯特丹總共有5家分店，其中位於中央火車站的Mac Bike開設於火車站的後方出口(Ij Hall)靠右側。如果你考慮租腳踏車遊市區，又不知道該選哪一家出租店，不妨試試Mac Bike吧！

🌐 www.macbike.nl
✉ Mr. Visserplein 2
📞 31-20-6200985
@ info@macbike.nl

腳踏車遊市區行程推薦

另外還有一家出租店，在阿姆斯特丹也相當有名，且價格合理，還提供2～3小時的腳踏車遊阿姆斯特丹行程，只是需要事先電話預訂，不接受E-mail預訂。一次預訂15輛腳踏車以上的話，Yellow Bike還有服務人員遞送及歸還腳踏車的服務，你就不必親自去店內租車或還車。

🌐 www.yellowbike.nl/en
✉ Nieuwezijds Kolk 29
📞 31-20-6206940
💲 Yellow Bike提供多種不同腳踏車遊阿姆斯特丹的行程，時間為2～4小時，視該行程而定，費用24.50歐元起。每個行程都有領隊帶領解說。詳情可參考官網。

其他腳踏車出租店資訊看這裡

除了上述2家之外連鎖出租店之外，市區其實也有不少腳踏車出租點像是Rent Bike或以下這幾家。無論如何，租車之前先問清楚租賃規則，以及停放時鎖好你的腳踏車。

A-Bike Rental
http a-bike.eu

Green Budget Bikes
http www.greenbudget
bikes.nl

Mike's Bike Tours Amsteram
http www.mikesbiketour
samsterdam.com

公共腳踏車

OV-Fiets

OV-Fiets在荷蘭全國近300個火車、巴士和地鐵站、均設有公共腳踏車的出租服務，提供給乘客租用。這些公共腳踏車統稱「OV-Fiets」。如此貼心的服務不但省錢、環保，還可運動健身，一舉數得，而且一天的出租費只要3.85歐元，可連續租用3天。3天後，每小時以5歐元計算。如果車輛最終歸還在另一個據點而非最初租借的點，需另支付10歐元。

你可以上荷蘭鐵路局官網（ns.nl）查看OV-Fiets的出租服務據點。每人限租兩台。

請注意 租用OV-Fiets必須成為OV-Fiets的會員。若是你本身有OV-Chip個人卡，申辦OV-Fiets會員時，要先用iDEAL付款0.01歐元（之後就會依照這個付款紀錄的資訊扣款）。其實OV-fiets系統較適合旅居者，觀光客在當地租借腳踏車即可。

http www.ov-fiets.nl(請點選mijn ov-fiets以登入會員資料)

Black Bike

Black Bike在阿姆斯特丹、烏垂克、哈蓮及海牙都設有連鎖出租店。光是在阿姆斯特丹就有13間分店。最方便的特色是不管你是在哪一家分店租用腳踏車，可於任何一間分店歸還。

http black-bikes.com
✉ Prins Hendrikkade 11-H
☎ 085 273 7454

看懂腳踏車標誌

荷蘭的道路分3部分：行人專用道、腳踏車道、汽車專用道。旅人若沒注意，「行走」在腳踏車專用道，就可能因不時的快速「車流」來往，閃避不及而發生擦撞。在阿姆斯特丹，當地人就經常抱怨：旅客「行走」在腳踏車專用道，卻渾然不知。為了避免車禍發生，荷蘭的腳踏車專用道與行人道，各自漆上明顯的圖示標誌，提醒大家別走錯道。

荷蘭的紅綠燈也分3種：行人通行、腳踏車、汽車專用。過馬路時，按下位在人行道紅綠燈柱下方的按鈕，專屬汽車的號誌燈就會轉換為紅燈；行人道和腳踏車道的號誌燈，就會轉換為綠燈，讓行人優先通過。

▲ 按鈕後，等10幾秒，紅燈會變綠燈，即可通行

▲ 騎乘腳踏車，需行駛腳踏車專用道

▲ 荷蘭腳踏車人口多，路上隨處可見腳踏車專用道標誌

▲ 人車分道，行人可別走錯了，以免發生危險

▲ 各路口都會標示，騎腳踏車前往各城鎮的公里數及方向標誌

▲ 「Uitgezondered」標誌，表示只有腳踏車、機器腳踏車可以進入

如何鎖腳踏車

1 Step 找到座墊下方的鎖

2 Step 轉動左邊的鑰匙

3 Step 同時拉下右邊卡榫，拔出鑰匙才算上鎖

計程車

除非不得已，不然不太建議大家乘坐計程車喔，因為費用實在太貴了。

計程車起跳價約為7.50歐元，坐短程約15分鐘，就要價20歐元。如果真的需要搭計程車，除了可在火車站前叫計程車，也可請旅館服務人員幫忙叫車。如果臨時在路上招不到，可撥打以下電話：TCA Taxi Amsterdam(阿姆斯特丹最大的計程車隊)：020-7777777。

Uber

荷蘭之前嚴禁Uber在阿姆斯特丹、鹿特丹和海牙的服務，並處以罰鍰。雖然如此，Uber還是對此不以為意，依舊營運。現在不少人都選擇Uber叫車，其價格的確比計程車便宜，也不像某些不肖業者會隨便哄抬車資。

http www.uber.com

路上觀察 創新腳踏車Dutch Bakfiets

在荷蘭，常常可以看到街上的爸爸媽媽們騎著一種裝有木箱的腳踏車，叫作Bakfiets，也就是在腳踏車前輪的後方，安置一個小木箱，裡面載著小孩子或是購買的雜貨，穿梭在大街小巷裡，畫面相當可愛。荷蘭是腳踏車王國，在腳踏車上的改造也是創意十足，還有的甚至會把木箱改成鬱金香或木鞋的造型，充滿童心。

租車、開車

開車自駕雖然方便，但租車費用較高且不易找到停車位。當然，停車費也不便宜。

荷蘭腹地不大，交通網四通八達，只是，汽油價格高昂，租車遠比搭乘大眾運輸工具費用還高。若要租車旅行，可得三思喔！

在荷蘭租車，年齡需滿21歲，備妥國際駕照、護照，並支付押金。有些租車公司甚至要求租賃者需有1年以上駕駛經驗。1天租金從30歐元起跳。各家租車公司提供的車款不同，可先告知習慣或偏好的車種，如手排或自排車，一般或休旅車等等。

路上觀察 歐洲油價貴，電動車興起

由於歐洲油價貴(台灣的兩倍之多)又漲得厲害，近幾年，政府開始積極推動電動車，在市區內設置了充電處；可以停車，順便充電，省下不少油錢。

速限、加油

高速公路無速限標示路段之最高速限為120公里，但多數路段標示速限為100公里，一般市區為50公里。行駛高速公路或市區道路需保持在外車道，內車道是供超車或左轉車使用。荷蘭交通執法甚嚴，罰款極高，路口及重要道路兩側多設有測速照相機，租車旅遊務必遵守交通規則。

荷蘭的加油站營業時間約為08:00～21:00。1公升汽油價格約1歐元不等。此外，加油站沒有人服務，一律自行加油，然後到站內商店結帳。

租車資訊看這裡

機場大廳可以租車
史基浦機場入境大廳有多家租車公司，如AVIS、Europcar、Hertz、Budget rent a car和Sixt等。
http www.autoverhuur-schiphol.nl

Europcar Autoverhuu
http www.europcar.nl

Hertz
http www.hertz.nl

Sixt (阿姆斯特丹中央火車站也有分店)
http www.sixt.nl

Avis Car Rental Amsterdam
http www.avis.co.uk/CarHire/Europe/Netherlands/Amsterdam

停車

一般路邊停車的收費方式分為兩種：投幣或以金融卡（Maestro）或信用卡付費（但在阿姆斯特丹僅限以卡付費，無投幣）。如果停車沒付費，你取車時就會收到罰單，罰鍰金額為55歐元。阿姆斯特丹目前全面改為以金融卡或信用卡付費的機器，荷蘭其他城鎮則仍保留投幣式停車收費機。本書僅提阿姆斯特丹停車收費機供讀者參考。完成付費之後，請勿將票根夾在雨刷上，請將票根置放在車內擋風玻璃前面，方便查票人員查核。

荷蘭停車需知

在荷蘭開車，尤其是在阿姆斯特丹實在不是件容易的事。首先是塞車和找停車位，再來就是最讓人無法接受的高昂停車費。一般大型足球場，像是Olympic Stadium，雖然提供收費較為便宜的停車服務，但是很快就被停滿了。而市區內的P+R的8歐元，數量卻是有限。請切記不要停到電動車停車格或限卡車停放的停車格，違者拖吊並罰鍰400歐元。

此外，在市區內停車還有個隱憂就是安全問題。伎倆高超的慣竊經常會在深夜敲碎車窗，偷走車內的導航器或其他財物。所以，離開愛車之前，最好不要把貴重物品留在車內。由於這種案件層出不窮，即使發生之後報了案，警方也無能為力。

阿姆斯特丹公用停車費用參考

$ 每小時：4.50歐元／日票：36歐元／21:00～09:00、週日以及國定假日免收費

停車場

阿姆斯特丹市區外有幾個收費較為便宜的停車場，統稱「P+R」，Park and Ride。當你進入停車場後會收到停車票，因為停車場都在市區外，所以你必須乘坐電車、地鐵或巴士來往停車場和市區，因此你還要再購買一張P+R GVB Pass來回票。此P+R GVB Pass來回票必須要有進入市區的記錄（上、下車刷卡），待取車時到特定的機器辦理繳費，先投入停車票，機器會顯示停車費費用；再投入P+R GVB Pass來回票，繳費金額會立刻折扣（視停車費的計價規則）。

使用一般停車購票機 Step by Step

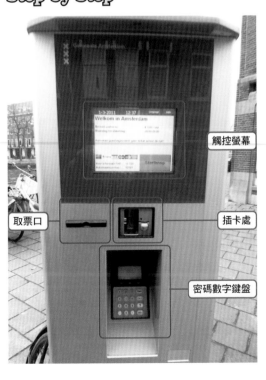

觸控螢幕

取票口

插卡處

密碼數字鍵盤

交
通
篇

Step 1 選擇語言

Step 2 點選Startbutton開始

Step 3 輸入駕照號碼

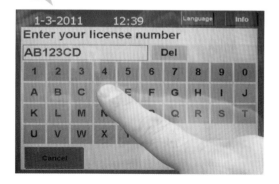

Step 4 選擇停車計費卡

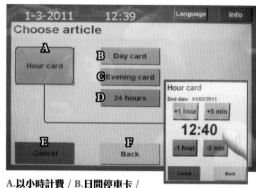

A.以小時計費 / B.日間停車卡 /
C.夜間停車卡 / D.一日卡 / E.取消 / F.回上頁

　以小時計費的話，可選擇幾小時和幾分鐘，選
好後機器會自動計費。可選擇以信用卡、Chip-
knip或當地的金融卡付費。如要取消，請點選
Cancel鍵。

A.駕照號碼 / B.停車起迄時間 / C.金額(視停車時數或停車
卡而定) / D.信用卡 / E.Chipknip / F.當地金融卡 / G.取消

阿姆斯特丹特定的P+R停車場

- P+R Sloterdijk
- P+R Bos en Lommer
- P+R Olympisch Stadion
- P+R ArenA
- P+R Zeeburg I and P+R Zeeburg II
- P+R World Fashion Center
- P+R Gaasperplas

P+R

Step 5 插入卡片付費

若以當地金融卡付費，請輸入密碼後，按鍵盤的OK鍵。

插入卡片

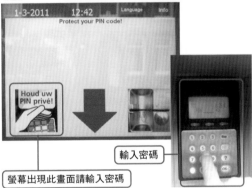

螢幕出現此畫面請輸入密碼

輸入密碼

Step 6 領取停車票

票會從左邊的取票口出來。

Step 7 將停車票放在擋風玻璃內

讓查票員可清楚看到票根號碼處。切勿將停車票夾放在雨刷上。

連接境外的交通

荷蘭與其他歐洲國家之間的鐵路系統，規畫得很完整，搭火車跨國旅遊很方便。

飛機

　　歐洲有不少低價噴射客機航空，服務飛往歐洲各地短程航線的旅客。由於飛行時間短、機上不提供餐點，機票因而比一般大型航空公司便宜許多，其中又以Ryanair、Easy Jet、Transavia這幾家最受歡迎，可選擇航線也多。

　　此外，荷蘭也有多家知名便宜機票網站，其中以Vliegwinkel、Cheaptickets、Budgetair這3家的價格和服務較爲合理。你可透過這3個網站比價，購買從荷蘭前往歐洲其他國家、甚至全球各地的機票，還可預訂套裝行程、旅館、租車喔！

貼心 小提醒

便宜機票，有玄機

　　如果你在網路上看到「1歐元機票」，或是超便宜的機票，先別太興奮喔！這些機票固然便宜，但其實尚未含稅，而且在荷蘭買票，旅行社都會收取訂位手續費。

　　即使是「1歐元機票」，加上機場稅還得付40～50歐元不等(歐洲機場稅較高，視各國機場收費而定)。還有，訂票時，要看清楚，這麼便宜的價格，是單程票，還是來回票。

便宜機票這裡買

3家低價航空

　　以下這些低價航空網站，都以「歐洲短程航線」的機票、旅館／公寓、租車、保險、套裝行程的預訂爲主。

Ryanair
http www.ryanair.com/gb/en

Transavia
http www.transavia.com

Easy Jet
http www.easyjet.com

5家便宜機票量販網站

　　如果你人在荷蘭 想上網購買機票，以下便宜機票量販網站，都以「全球／歐洲線」機票、旅館、租車、套裝行程的預訂爲主。

Vliegwinkel
http www.vliegwinkel.nl

Cheap Tickets
http www.cheaptickets.nl

Budget Air
http www.budgetair.com

Skyscanner
http www.skyscanner.nl

Worldticketcenter
http www.worldticketcenter.nl

火車

即使荷蘭沒有高速火車，也不像法國一樣有TGV子彈列車，但是，荷蘭與其他歐洲國家之間的鐵路系統，規畫接軌得很完整。從荷蘭搭火車到其他歐洲國家旅行相當方便。例如，若以鹿特丹(Rotterdam)為出發地，前往其他歐洲城市的車程，從4～8小時不等，便可到達。

貼心 小提醒

跨國火車票怎麼買？

■ 若預計前往荷蘭，並打算搭跨國火車至其他歐洲國家，可先在台灣購買適合的歐洲火車通行證。

■ 若你覺得到荷蘭後再買跨國火車票也不遲，則可至大城市的International Ticket Center人工售票處，詢問和購買鐵路票券。或利用自動售票機買車票(請詳見P.86「購買跨國火車票」)。

購買火車通行證

在荷蘭境內搭火車旅行，或是預計跨國旅行，購買火車通行證較為划算。火車通行證的價格並不便宜，如欲購買，需要事先安排好旅遊行程，做好功課。前往旅行社領票或購票可順便詢問相關車票的問題或注意事項，或上飛達旅遊閱讀有關坐火車遊歐洲的相關文章介紹。

BeNeLux Tourail Pass
荷比盧3國火車通行證

可在有效期限內，1個月任選5天，不限次數，搭乘荷蘭、比利時、盧森堡3國之所有國鐵火車。但票價不含訂位、餐飲、睡臥鋪之費用。適用車種：

比利時

■ InterRegio trains(無需訂位)、InterCity trains(無需訂位)。

■ S trains：由SNCB's營運的郊區列車可持通行證在以下城市搭乘：布魯塞爾(Brussels)、安特衛普(Antwerp)、根特(Ghent)、烈日(Liege)及Charleroi(無需訂位)。

■ Thalys(強制訂位)，起訖點皆需包含在火車通行證範圍內(如包含巴黎，則需使用歐洲31國火車通行證)。

荷蘭

■ Intercity(IC，無需訂位)、Sprinter(RE，無需訂位)、Intercity Direct(ICd，強制訂位)、ICE(建議訂位)、Intercity Berlin(IC，建議訂位)、Intercity Brussels(IC，無需訂位)。

■ Thalys(THA，強制訂位)，起訖點皆需包含在火車通行證範圍內(如包含巴黎，則需使用歐洲31國火車通行證)。

盧森堡

■ Regional Bahn(RB，無需訂位)、Regional Express(RE，無需訂位)。

＊以上資料由飛達旅遊提供，出發前請查詢網站確認。

▲ 歐洲Thalys高速列車

貼心 小提醒

直達倫敦的火車

從荷蘭前往比利時、法國的跨國火車公司為Thaleys。自2020年4月30日起,火車公司Eurostar則提供從阿姆斯特丹直達倫敦,行程約4小時40分。鹿特丹直達倫敦則自2020年5月18起,行程約3個半小時。

火車通行證務必保管好

通行證一定要保管好,填寫要出發的日期也要小心仔細,寫錯塗改是不接受的。請記得備妥護照,查票時,會要求出示。

請提早1小時到火車站

歐洲鐵路網密集,但每個國家的鐵路系統不同又加上語言不同,最好於火車離駛前1個小時到達火車站,以免因為任何因素而錯過班車。

火車通行證這裡買

火車通行證一定要在歐盟以外的國家事先購買。各類火車通行證之票價說明、額外優惠、使用規定、退票說明等,請詳洽飛達旅行社。

飛達Go by Train旅遊
- http www.gobytrain.com.tw/europe/pass.asp
- ✉ 台北市南京東路三段168號10樓之6
- ☎ 台北(02)8161-3456、台中(04)2329-3151、台南(06)214-1289
- FAX (02)8771-4847
- @ sales@gobytrain.com.tw
- ⏰ 週一～五09:00～20:00、週六10:00～18:00

Eurail Pass
- http www.eurail.com/cn (有中文頁面)

Trainline
- http www.trainline.nl (有中文頁面)

※資料時有異動,請以官方公布的最新資料為主

Eurail Global Pass歐洲31國通行證

可在所購火車票效期限內,不限次數搭乘31國(含荷、比、盧、德、法、英等),限年齡28歲以上使用。票價不含訂位、餐飲及睡臥舖之費用。

巴士

想從荷蘭前往其他歐洲國家,還有大型遊覽車可搭,像是EuroLine Bus,便是全歐洲跑透透的巴士。如果你預算有限,而且耐得住長時間坐在空間狹小、或滿載旅客的巴士,那麼搭乘長途跨國巴士旅行,準是你的最佳選擇。

請注意 EuroLine Bus雖經常推出超便宜特惠票,但這個價格通常未含稅及手續費。

EuroLines售票處

EuroLine Bus設有人工售票處,即位於水壩廣場旁,但建議讀者預先上網購票。

EuroLines位於其他城市的乘車處

- ■**鹿特丹(Rotterdam)**:位於Conradstraat街,Fit for Free健身房對面。
- ■**海牙(Den Haag)**:位於火車站樓上的巴士站,EuroLine人工售票服務處後方。
- ■**烏垂克(Utrecht)**:位於Croeselaan路,在Beatrix大樓前方。

巴士資訊看這裡

EuroLines
- http www.eurolines.nl/en
- ✉ Rokin 38A, 1012KT Amsterdam
- ☎ 088-076-1700
- ⏰ 週一～六09:00～17:00

Flixbus
- http www.flixbus.nl

住宿篇
Accommodations

旅行荷蘭，有哪些住宿選擇？

介紹荷蘭的幾種住宿方式，包括：一般旅館、船屋旅館和公寓、青年旅館、
寄宿旅館、露營等，還列出不推薦的住宿黑名單，讓你不踩雷。
可依照你的預算和停留天數，選擇想要的住宿方式喔！

上：鹿特丹獨立式公寓旅宿âme
左：Zaandam(藏丹市)傳統荷式房屋造型的Inntel Hotels旅館
右：甫自2020年1月初開幕的Nhow Amsterdam Rai旅館

選擇合適的住宿點

選擇住宿地點，應在位置、預算及周圍環境多做考量，可多參考住宿評價再做決定。

荷 蘭近幾年可說是非常夯的旅遊熱門地，尤其是阿姆斯特丹，遊客人數每年創新高，而且，旅遊業正反彈到自疫情發生以來的最高水平，尤其是解封之後。對旅客來說，最壞的消息就是旅館、機票和汽油價格也達到了多年未見的高點。可是，悶壞的旅客早已迫不及待的想出國旅遊，因此就算價格再高，也照樣買單。考量地點及設施的同時，預算上也要有充分準備。

離景點近的旅館

阿姆斯特丹景點多半位於Jordaan、Spui、Jewish Quarter、Oud-West區，電車5、12、2號，地鐵51、52號為主要路線。

選擇離觀光景點近、位在市中心鬧區的旅館、或知名連鎖旅館，房價肯定較高，而且不見得好，因為周邊會有吵雜的人潮車流，這些都可能破壞旅遊興致、睡眠品質。可以先比較距離，再考量交通、周邊機能、安全等要素。

位於市區外圍的旅館

其實，可選擇離市中心稍有距離、但交通方便、或步行即可達的旅館，在房價上也會相對較

實惠。這類的旅館周遭的機能也夠多，有超市、商店、餐廳，加上環境較為寧靜、治安也比較良好，一天疲憊下來，能比較能夠好好休息，擁有品質較佳的睡眠。

Zuid(南區)雖稍遠，但可選擇兼具安靜與交通優點的旅館。市郊的Amsterdam Sloterdijk是商辦區，無觀光熱點，但有火車直達市區、機場和其他城鎮，還算方便。鹿特丹以中央車站、布拉克(Blaak)車站及天鵝橋周邊河港區為主。海牙、烏垂克和馬斯垂克非大城市，可選擇交通便捷或位於市區的旅館。

網路訂房看這裡

Hotels.nl
http www.hotels.nl

Booking.com
http www.booking.com

Trivago
http www.trivago.nl

HotelsCombined
http www.hotelscombined.com

Agoda
http www.agoda.com

Expedia
http www.expedia.com

eSky
http www.esky.nl

jetcost
http www.jetcost.nl

vliegtickets
http www.vliegtickets/nl

Skyscanner
http www.skyscanner.net

＊資料時有異動，請以官方公布的最新資料為主

住宿類型介紹

從星級連鎖旅館、民宿、船屋旅館到露營,住宿種類十分多元。

荷蘭住宿選擇很多,從5星級連鎖旅館、睡臥在運河上的船屋旅館,到平民化的民宿、青年旅館都有。如果你喜歡露營,也可自行攜帶帳篷、睡袋、炊煮用具,體驗不同的旅行方式。

旅館

各級旅館

旅館通常占旅費最大的一部分。3星級以上旅館每晚價格約120歐元起跳,3星級以下價格可低於100歐元,但設施和品質恐怕不是那麼理想。有些旅館提供較不真實的照片和誇大的陳述,與實際會有很大的落差。訂房前不妨參考旅館評價,甚至是旅館這一方對旅客評價的回覆,多少可理解旅館是否在意客人對住宿的批評與感受。

上網訂房除了要比較各家旅館房價,也可利用其線上地圖查看旅館的地理位置、附近可使用的交通工具、娛樂機能、房間設備等等,這些都必須加以考量。如果你在旅遊旺季前往,房價會略漲,也不容

▲ Grand Hotel Amrâth Amsterdam前身為造船廠,其建築為阿姆斯特丹學院風代表,已搖身變為藝術精品旅館

易訂到房間。若想住旅館但預算不太多,最好還是儘早安排旅遊計畫。

行家祕技　看懂荷蘭地址

■**門牌號碼:**假設門牌號碼後面有英文,例:33A,填表格時,會有一欄「Huis-nummer」,必須填上33;後面會接一欄「Toevoeging」,這欄必須填上A。

■**郵遞區號:**永遠都是4個數字加2個字母。

Weteringschans　26-1　1017 SG　Amsterdam

| 街道名 | 門牌號碼 | 郵遞區號 | 居住地名 |

行家祕技　前往參展建議下榻地點

如果你是前往荷蘭阿姆斯特丹RAI會議中心開會或參展,建議選擇下榻離RAI會議中心僅數分鐘步行距離的市民酒店(CitizenM Amsterdam City)、Motel One旅館,及Hotel nhow Amsterdam RAI。

▲ CitizenM平價設計旅館

服務與設施

每間旅館使用早餐時間、門禁時間都不同，最好在Check-in時間清楚。不想攜帶貴重物品在身上，可洽詢櫃檯人員如何寄放。有的旅館房間提供保險箱，有的則統一由櫃檯存放。

進入房間後，先仔細閱讀防火安全說明書，了解如何查看通報櫃檯的號碼。確實了解最近的逃生口或緊急出口，確認如何從房間逃到安全門，確保事故發生時可迅速逃生。

哪些旅館不要住？

由於阿姆斯特丹是運河城市，因此老鼠相當猖獗。如果下榻時遇上老鼠，保證你徹夜難眠，渾身不自在。 **請注意** 位於林布蘭廣場（Rembrandtplein）、水壩廣場（De Dam）、萊茲廣場（Leidseplein）附近老舊和星級數較低的旅館最好不要預訂。因為這幾個區域的酒吧、餐廳林立，都是蟑鼠最愛窩藏的地方，加上又是鬧區，環境吵雜，治安欠佳，絕對不是夜宿的首選。建議讀者訂房之前可先上Tripadvisor網站，參考其他網友的住宿評價再考量也不遲。

Tripadvisor
http www.tripadvisor.com.tw

貼心 小提醒

千萬別選這幾家旅館

原因：旅館本身骯髒老舊，年久失修又不願修繕、服務態度惡劣。可別被這幾家旅館網站上那些美麗的運河旅館圖片給騙了！

旅館黑名單榜：

Hotel Amstelgezicht / Hotel Alfa /
Hotel Manofa / Hotel De Mallemollen /
Y Boulevard Hotel / Hotel De Lantaerne /
Fletcher Hotel / Belfort Hotel

阿姆斯特丹旅館推薦

■高價位旅館：

Hotel de l'Europe / Conservatorium Hotel /
W Hotel / Hotel Amrâth / Kimpton De Witt /
Park Hotel / Ambassde Hotel / Hotel Okura /
DoubleTree / Waldorf Astoria Amsterdam /
Best Western Apollo Museum Hotel /
InterContinental Amstel Amsterdam /
Andaz Amsterdam Prinsengracht /
Pulitzer Amsterdam / Breitner House /
Hotel Seven One Seven / Hotel Dylan /
Luxury Suites Amsterdam

■中價位及連鎖旅館：

Mövenpick Hotel / NH Hotel / Crowneplaza /
Mercure Hotel / Bilderberg Hotel Jan Luyken /
Novotel / Ibis Hotel / Radisson Blu /
Park Plaza Hotel / Tulip Inn / Sofitel Hotel /
College Hotel / The Exchange / Hotel Artemis /
INK Hotel / Hampshire American Amsterdam /
Westcord Art Hotel Amsterdam / Marriott Hotel /
Eric Vökel Boutique Apartments

■市區外的旅館：

Hotel V / CitizenM Hotel / Fashion Hotel /
Room Mate Aitana Hotel / Motel One /
Golden Tulip Inn Art Hotel / Jakarta Hotel /
Steel / Hotel nhow Amsterdam RAI

■鹿特丹旅館推薦：

Bilderberg Parkhotel Rotterdam /
Holiday Inn Express Rotterdam - Central Station /
Hotel CitizenM Rotterdam / Hotel nhow Rotterdam /
Room Mate Bruno / Mainport Design Hotel /
Nh Atlanta Rotterdam Hotel / Hotel New York /
Days Inn by Wyndham Rotterdam City Centre /
Worldhotel Wings / Easyhotel Rotterdam City Center /
Hilton Hotel / Inntels Hotel Rotterdam Center /
Hotel Van Walsum / Savoy Hotel Rotterdam /
Euro Hotel Centrum

出租公寓 / 船屋旅館

荷蘭的民宿，分為「一般公寓」（Apartment）和「船屋旅館」（Botel）。公寓和船屋旅館的出租價格不菲，價格從100歐元起跳。除非你打算在當地待上一段時間、沒有預算限制，或者有三、五旅伴一塊兒分租，否則會比較划不來喔！

公寓：融入當地生活

出租式公寓，價格或許和旅館差不多，但其舒適的居家環境、完整的家具設備，處處都有主人的巧思與收藏。碰上熱情的屋主，還能交交朋友，說不定樂意提供實用旅遊建議、不為人知的美食和景點呢！晚上可到超市買食材回來烹煮，比在餐廳用餐更省錢，而且會感覺自己就是個住在當地的居民，更貼近生活民情。當然，承租者應遵守配合屋主的要求及規定，特別是保持房間的原貌與整潔，給人留下良好印象。

船屋旅館：體驗水上人家

就阿姆斯特丹而言，這個運河交織的城市，利用河道發展出繁榮的商業貿易，船屋旅館也是其一，很受外國觀光客歡迎。想當個水上人家，不妨下榻體驗！

民宿 / B&B

客房乾淨，環境清靜；還提供家庭式的早餐，又樂於分享生活以及旅遊資訊的協助，這樣的民宿最能讓旅客融入當地生活。但有的民宿髒亂，住客素質良莠不齊，尤其是遇到騙子在網路上刊登假照片，吸引旅客訂房，等到抵達當地卻找不到地址，或是付了訂金卻根本聯絡不上主人，最後落得無處可睡，留下不愉快的回憶。

記得，下榻民宿，亦應盡量保持客房原有的整潔，讓主人也對你留下美好的印象！

公寓&船屋網路訂房看這裡

出租公寓預訂

選擇公寓，可從停留天數、停留目的(長短期工作、旅行、遊學)、交通、地理位置來考量，建議多找幾家多比較！

http www.accomodationsrome.com/Rent/Europe/Amsterdam

http www.simplyamsterdam.nl

http www.amsterdamapartment.com

船屋旅館預訂

從阿姆斯特丹中央火車站後方的巴士站搭乘Rnet 391號巴士(往Zaanse Schans方向)，在Klaprozenweg站下車，步行約8分鐘即可抵達Botel。

✉ NDSM Pier3

http houseboatrentalamsterdam.com

http www.bookahouseboat.com/rentals/amsterdam

http www.botel.nl/en

http www.houseboathotel.nl

民宿資訊看這裡

荷蘭全國民宿訂房網
http www.bedandbreakfast.nl

Emma's B&B
http bb-emma-ln.hoteleamsterdam.net/en

The Vondelpark Suites
ℹ 可在Booking.com預訂

Booking.com民宿推薦
http www.booking.com/homestay/country/nl.zh-cn.html

Airbnb民宿推薦
http www.airbnb.cn/top-stay/all/country/nl

其他推薦
B&B De Hoogte、De Kade、B&B Taksteeg7
Inn-Grid's Logies、Inn Amsterdam4u
Amsterdam ID Aparthotel

＊資料時有異動，請以官方公布的最新資料為主

精品 / 公寓式旅館

　　Volkshotel，Zoku、De Hallen、The Times Hotel、Mr. Jordaan、Wittenberg、De Witt這幾間精品公寓式旅館均位在市中心黃金地段。其中Mr. Jordaan、Wittenberg和The Times Hotel更在古老的Jordaan區，尤其The Times Hotel還有可欣賞運河景致的房間。Zoku非常受歡迎，即使身在市中心，但少了人潮的吵雜，還可以到館內的餐酒館小酌用餐，絕對可以放鬆旅行了一天的疲勞。

青年旅館

　　荷蘭的青年旅館服務很不錯，每晚房價約20～50歐元不等(含早餐、清潔費)。早餐多半以自助式吃到飽為主。並提供乾淨的床單和枕頭套。

優點

■價格便宜合理，可省下不少旅費。

■可認識不同國家的旅行者，彼此交換旅遊心得。若有人行程相同，甚至可一起出發同行。

■若位於郊區，環境清幽，乾淨整潔，服務設施和品質都很不錯，不輸3星級以下的旅館。

■有的甚至提供多項娛樂休閒設施，像是咖啡廳、運動中心、酒吧等。

缺點

■2人房較少，大部分是每間6～8人住。可能會和世界各地旅行者同住一間房。必須接受每個人不同的生活習慣。

■有夜間門禁限制，23:00後就無法進入。

■有的浴室在房間外。若人較多，可能得等候。

■若遇到學校等旅遊團體留宿，會比較吵雜。

■出入旅客較複雜，住宿安全感低。

確認交通與飲食機能

　　荷蘭的青年旅館，對自助旅行者來說是最划算的選擇。通常離市中心有一段距離，如果你選擇投宿，一定要先查詢附近的交通狀況(方便前往景點)和飲食機能(超市)。

森林 / 海邊 / 城市型

　　荷蘭連鎖的青年旅館統稱「StayOK」，每個城市尚有其他非連鎖的青年旅館。依照其所在位置分成：位於森林、海邊或城市。位於森林、海邊者，則提供更多運動、休閒娛樂活動。以大城市而言，阿姆斯特丹(Amsterdam)、鹿特丹(Rotterdam)、哈蓮(Haarlem)、烏垂克(Utrecht)、海牙(Den Haag)及馬斯垂克(Maastricht)都有青年旅館。

◄ **鹿特丹知名的建築方塊屋，其中一部分是青年旅館**

青年旅館訂房看這裡

HOSTELWORLD
http www.chinese.hostel
world.com

Stayokay
http www.stayokay.com

Bob's Youth Hostel
http www.bobsyouthhostel.nl/en

Generator

　　近期阿姆斯特丹又新開了一家歐洲連鎖設計型青年旅館Generator。不過價格和一般青年旅館比起來貴3～4倍。

http generatorhostels.com/cn/information(中文版)

✉ Mauritskade 57

➡ 搭乘地鐵54號，在Weesperplein站下車

入住青年旅館需留意

- 青年旅館人來人往，要更加小心保管行李、財物。
- 離開房間，不論時間長短，貴重物品一定要帶在身上。
- 晚上睡覺，錢包、護照、手機盡量放在枕頭下，或放在隨身背袋，拉鏈拉好，緊靠在身邊。
- 出門在外，要有警覺心，不要太相信別人，更不要牽扯或談論金錢方面的事。

3～10月開放

荷蘭的露營區多位在市中心外，開放時間為3～10月。森林好水環繞，遠離市中心的喧囂；經濟實惠的價格，享受戶外野炊的樂趣，是另一種不同的旅行體驗。

阿姆斯特丹近郊露營區看這裡

Gaasper Camping Amsterdam
http www.gaaspercamping.nl

Camping Zeerburg
http www.campingzeerburg.nl

露營

歐洲人很熱衷

荷蘭人或歐洲人旅行時，經常選擇以露營當作住宿方式，尤其是一群好友或一家人，開車或騎腳踏車出遊時。

可選住小木屋

如果你不想攜帶帳篷出遊，也可以選擇住露營區提供的度假小木屋，但還是需自行準備睡袋。要是也懶得帶鍋碗瓢盆，到露營區鄰近的餐廳用餐也行。此外，露營區也多半會提供廚房設備，供旅行者自行烹煮。

Airbnb

近年來，Airbnb是相當受歡迎的住宿平台，不僅提供旅人另一種住宿選擇，也改變了一般旅行的住宿模式。旅者可以上網尋找及預訂世界各地各種符合需求的房間。可是Airbnb最受爭議與批評的，包含詐騙、安全、賠償等層出不窮的問題。尤其是假仲介寄信，以必須使用速匯金匯款服務(MoneyGram)，但該服務不需提供受款人帳號，僅填寫受款人名稱即可匯款)，被害人在匯款後卻自此無音訊，也聯絡不上屋主，日後前往該租屋地址才驚覺根本沒有出租需求。

其實有的旅館住宿不比Airbnb貴或差，雖然Airbnb有不錯的房源，多人旅行時也比旅館，甚至比青年旅館便宜，但Airbnb多了服務費，且後續服務和問題處理有可能是你始料未及的。

http www.airbnb.nl

城市稅

在荷蘭住宿時需支付城市稅(City Tax)。城市稅計算方式：未稅房價(不含早餐)的7%。

飲食篇
Gourmet

在荷蘭,吃什麼最道地?

這裡告訴你:究竟荷蘭人三餐都吃些什麼、
各式各樣的荷蘭零食小吃、各種物美價廉的餐館,
以及不可錯過的超市有什麼可買。

左：鹿特丹地標之一Markthal市場
右：烏垂克最讓人稱道的運河咖啡座

用餐須知

牛角麵包或吐司、咖啡、起士或肉片、新鮮柳橙汁，荷蘭人的早餐清爽又簡單。

荷蘭人的一天三餐

早餐

荷蘭人早餐吃得很簡單。牛角麵包(Croissant)或是吐司抹巧克力醬、抹奶油，夾起士片、火腿片，再配上一杯咖啡和新鮮的柳橙汁。

■ **旅館早餐**：住宿旅館的房價通常已包括隔天的早餐，如果你落腳的旅館如果你的房價不含早餐，或沒有事先預訂，也可在前一晚向旅館預訂。

■ **咖啡店早餐**：就近到咖啡店吃早餐，價格略為便宜，還可以和荷蘭人一塊兒享受充滿濃郁咖啡香的早晨。

■ **自製經濟早餐**：前一天先到附近超市買好麵包、鋁箔包牛奶或即溶咖啡包，旅館內都會提供自助式燒水壺，或向服務生要熱水，便可在房間內享用早餐。

午餐

午餐對荷蘭人來說和早餐差不了多少。一般人都會自行在家先做好三明治，或以麵包夾上起士片、火腿片。也有人中午會到餐廳用餐，同樣是吃麵包或三明治、沙拉，再配上一碗湯或咖啡，以及柳橙汁。用餐時間大約在12:00～13:30。

晚餐

一般晚餐供應時間為17:00～22:00，建議最好事先訂位，以避免因排隊而掃興；特別是解封之後，在報復性消費的浪潮之下，許多餐廳內用座位一位難求。

行家祕技 當地宵夜的外送服務選擇

如果晚上肚子餓，可是餐廳和速食店都關門了，不妨利用當地的外送服務，只要輸入所在地(例如下榻的旅館)的郵遞區號，就會列出所有鄰近該地區有提供外送服務的餐廳或速食店。唯需注意，外送服務在午夜時段通常不收現金，訂餐時最好直接在線上付款。

http www.thuisbezorgd.nl
http deliveroo.nl/en
http www.ubereats.com/nl-NL
http tryzapp.nl
http 下載Getir訂餐APP(getir: groceries in minutes)
http www.goflink.com/nl-NL

用餐程序

疫情解封後，多數餐廳均需事先訂位，若想到餐廳吃飯，建議預先電話／上網訂位，確認好位子及最後點餐時間。尤其是評價高的人氣餐廳或熱門時段。不過還是有些受歡迎的餐廳不接受訂位，或是有用餐時間限制。

Step 1 等候帶位

進餐廳前，請在門口等候服務生帶位。

Step 2 先點飲料

選擇位子坐下後，服務生會給你菜單，同時先請你點飲料。

Step 3 點酒與主餐

稍待一會兒，服務生會來幫你點主菜。上主菜前一般都會先提供麵包和沙拉，同時，服務生會再問你，是否需要再點飲料或酒。點餐時，如果看不懂荷文菜單，可以請服務生拿英文菜單給你，或是直接請他告知當晚特餐，或主廚推薦美食是什麼。

Step 4 點其他餐點和甜品

用餐期間，服務生會來詢問菜色是否合胃口。主餐用完後，你若還想再點其他餐點，可請服務生再次提供菜單。不然，服務生會問你需不需要點餐後甜品。

Step 5 付帳與小費

用完餐，請服務生拿帳單過來。服務生會將帳單放在盤子裡，遞交給你確認。至於小費，可以給1或2歐元。之後，待服務生前來收取消費金額或找零時，就可以順便將小費給他。但請不要把你身上一些較小額的零錢，例如1毛、2毛、或5毛當作小費，比較不禮貌。

如果你是在較簡單的酒吧或餐廳用餐，則是自行到櫃檯結帳。

行家祕技 ## 餐廳也有賣的家庭料理

簡單列出幾道荷蘭的傳統「家庭料理」，這些菜色在一般餐館也吃得到：
- 撒有燻臘腸的蔬菜馬鈴薯泥(Hutspot)
- 煎餅(Pannekoek)
- 菜豆加油炸培根(Kaantjes)
- 撒有糖粉的小鬆餅(Poffertjes)
- 冬天必喝的豆湯(Erwten Soep)
- 甘藍馬鈴薯泥拌燻腸(Borrenkool)

▲ 燻臘腸蔬菜馬鈴薯泥，很受當地人與觀光客喜愛

路上觀察 *餐後，到酒吧小酌Borrel*

荷蘭人喜歡在用完餐後到酒吧小酌，聊聊天，放鬆一天的疲累。從晚間6點開始，陸續便有酒客登門。各酒吧在週四之後，經常有各種主題Party。作為旅人的你，也可到酒吧喝點小酒，體驗荷蘭酒吧氣氛喔！

必嘗的道地小吃

炸薯條，是荷蘭人的「國民零食」，他們喜歡淋上美乃滋、沙嗲醬或番茄醬吃。

荷 蘭的小吃相當特別，在各觀光景點或鬧區都有攤販在販賣：沾美乃滋或番茄醬吃的薯條(Patat)、燻鰻魚，以及配上碎洋蔥、仰頭整條生吞的鯡魚(Haring)，新鮮又可口，就怕你不敢嘗試。

生食鯡魚(Haring)及鯡魚堡 ▲

炸薯條

炸薯條應該算是荷蘭人的「國民零食」。一般稱爲「Patat」，正式名稱爲「Frites」。油滋滋的金黃薯條，淋上美乃滋或番茄醬，在荷蘭人眼裡可是一大美食，炸薯條速食店經常大排長龍。

在路邊或等車時，常會看到有人不顧形象大啖炸薯條，讓你很難抵擋誘惑。速食店如FEBO、Snack Bar和火車站常見的Smuller都可購得，有分中薯(約1.80歐元)和大薯(約2.20歐元)，調味醬料如美乃滋、番茄醬約0.30歐元。

此外，還有PatatSteeg(Heisteeg 3)、Par Hasard (Ceintuurbaan 113-115)、Freddy Fryday (Linnaeusstraat 36)和Vita's Friet(Dapper市場)也很不錯。

Mannekenis

炸薯條推薦

這家可是家喻戶曉，每天都是大排長龍，剛好位於前往水壩廣場的路上。強調來自比利時弗蘭區(Vlaams)道地口味。玩耍前，先來一份薯條解饞吧！

✉ Damrak 41

Vleminckx

炸薯條推薦

阿姆斯特丹當地人極力推薦，標榜最好吃的薯條。薯條店離花市不遠，就在Kalvertoren購物商場的對面，只要前往購物街Kalverstraat就很容易找到了。

✉ Voetboogstraat 31-33

炸春捲

有一種叫作Loempia的小吃攤，通常由越南人經營，其實Loempia就是我們常吃的炸春捲，但或許被越南人先聲奪步推銷到荷蘭。荷蘭人也喜歡以Loempia沾甜辣醬吃(筆者個人覺得，咱們的炸春捲比起Loempia，料多、好吃、又營養)！

楓糖餅& Speculaas餅乾

荷蘭傳統糕點最熟悉的當然非楓糖餅（stroopwafel）莫屬。一般荷蘭人的吃法，是將一片楓糖餅放在倒有剛煮好的咖啡或茶的馬克杯上，如此便能讓剛煮好的咖啡或茶香，溫著杯上的楓糖餅。3分鐘後就是一片充滿咖啡或茶香的楓糖餅！還有一種叫Speculaas，帶有肉桂荳蔻和薑粉的味道，也是荷蘭人配咖啡的家常餅乾。

各式炸物

炸薯條店還賣其他炸物，像是燻腸、碎肉熱狗（Frikandel）、荷蘭人最愛的炸肉捲（Kroket）、酒吧及派對上都會吃到的炸飯塊（Nasi）、炸麵塊（Bami）、Bitterballen（用不同種類的碎肉做成的炸肉球）。荷蘭的各城鎮都會有這種炸物小吃店，最有名的為連鎖店FEBO和Smuller，火車站內肯定會有。如果你趕時間的話還可以使用自動販賣機。此外，還有所謂的肉捲派Frikandelbroodje和Saucijzenbroodje，超市都買得到。

frikandelbroodje ▶

▲ FEBO

炸魚酥塊

在露天市場裡，少不了賣海鮮的小吃攤。經常，還沒進到市場，就能聞到炸魚香，惹人饑餓。這個香味就是好吃的魚酥塊（Kebbeling），通常都沾美乃滋吃。

蘋果派

蘋果派（Appletaart）可說是荷蘭人最傳統的國民糕點之一。別說是一般咖啡店或餐廳了，有的酒吧甚至也吃得到蘋果派。一般家庭都會自己烘烤，超市也能輕易地買到烘培的材料或是現成做好的蘋果派。荷蘭人喜歡吃熱騰騰的蘋果派，派皮厚但酥脆，餡兒絕對是扎實的蘋果，即使佐以肉桂粉，甜度依然適中，最後再淋上幾朵奶油，配上一杯咖啡，教人心滿意足！

蘋果派推薦

Winkel43

鄰近阿姆斯特丹北教堂的咖啡店Winkel43，這裡的蘋果派不僅在地人愛吃，遊客也慕名而來，讚不絕口。

http www.winkel43.nl ／ ✉ Noordermarkt 43
🕐 08:00～01:00

Tompouce蛋糕

也是個超級國民糕點，由兩張粉紅色厚片糖霜脆餅，中間夾著一大塊鮮奶油。一口咬下去，鮮奶油就會爆漿。粉紅色的糖霜脆餅會在國王節換成橘色。不喜歡爆漿吃法，乾脆就一口脆餅，一口用小湯匙舀鮮奶油吃。超市或HEMA都買得到。

鬆餅

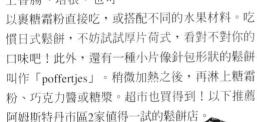

除了蘋果派之外，荷蘭人也愛吃鬆餅。荷式鬆餅有甜有鹹，可放上香腸、培根，也可以裹糖霜粉直接吃，或搭配不同的水果材料。吃慣日式鬆餅，不妨試試厚片荷式，看對不對你的口味吧！此外，還有一種小片像針包形狀的鬆餅叫作「poffertjes」。稍微加熱之後，再淋上糖霜粉、巧克力醬或糖漿。超市也買得到！以下推薦阿姆斯特丹市區2家值得一試的鬆餅店。

Pancakes Amsterdam 〔鬆餅店推薦〕

http www.pancakes.amsterdam / ✉ Berenstraat 38 / 🕐 週一～日09:00～18:00 / ℹ 中央火車站附近也有一家分店

Pancake Bakery 〔鬆餅店推薦〕

http www.pancake.nl / ✉ Prinsengracht 191 / 🕐 週一～日09:00～21:30

起士

荷蘭的乳製品聞名全球，特別是起士，超市可買到包裝的切片起士，通常依發酵期長短區分「Jonge軟式」至「Oude硬式」，亞洲人通常偏好較軟的「Jonge」起士。有些店家會舉辦品嘗起士的活動，除了有短片介紹，還有起士專家帶你享受45分鐘的多種起士饗宴。以下推薦阿姆斯特丹市區的起士店，辛格花市旁也有數家專賣店。

Reypenaer Cheese Tasting Room 〔起士店推薦〕

http www.reypenaercheese.com/en / ✉ Single 182 / 🕐 週一～日10:00～18:00 / 💲 15歐元 / ➡ 搭乘電車2、11、12號，在koningsplein站下車

Henri Willing Cheese 〔起士店推薦〕

http www.henriwillig.com/nl / ✉ Leidsestraat 52(起士店)、Reguliersbreestraat 24(品嘗店) / 🕐 **起士店**：週一～日10:00～19:00(週四至21:00)、**品嘗店**：3～10月週一～三10:00～20:00，週四～日10:00～21:00；11～2月會提早1小時打烊 / ➡ 搭乘電車2、11、12號，在koningsplein站下車

Dutch Delicacy - De Mannen Van Kaas 〔起士店推薦〕

http www.demannenvankaas.nl / ✉ Spuistraat 330 / 🕐 週一～日08:00～22:00 / ➡ 搭乘電車2、11、12號，在Spui站下車

用餐選擇

從亞洲餐廳、異國美食，到美食吧、超市，都能找到符合預算的餐點。

自助旅行雖有預算限制，可是一天三餐都吃麥當勞、肯德雞、漢堡王也不是辦法，更不健康。這裡推薦一些荷蘭當地美味又不太貴的餐館。

熱炒餐廳

荷蘭名為「WOK」的餐廳，也就是「熱炒」的意思，作法有點類似台灣的蒙古烤肉，選好自己喜歡的食材和調味醬料後，交由廚師現場熱炒。因為很多人選擇外帶，所以又稱Wok to Walk。

異國美食

由於是多種族社會，荷蘭異國美食的選擇相當多元；再加上附屬殖民地的關係，也有不少印尼、中東、中南美菜餐館。阿姆斯特丹萊茲廣場一帶異國餐廳林立，平均消費15～25歐元，還算合理。

亞洲餐廳

若擔心到正式餐廳看不懂荷文菜單，或吃不慣荷蘭食物，那麼亞洲餐廳是最好的選擇。一方面，價格比其他當地或異國美食餐廳便宜；另一方面，還提供中文菜單，溝通說中文也通。這類餐廳大都提供炒飯、炒麵(約7～10歐元，在當地算便宜的了)，內用或外帶都行。不過，為了迎合荷蘭人口味，口感可能和你習慣吃的炒飯或炒麵有點差距。阿姆斯特丹的中國城有比較多道地的中國菜，像是燒臘飯和粥類。

有些亞洲餐廳甚至結合中國和印尼美食；其他像是印度餐廳和日本壽司店，也在荷蘭漸漸流行起來。

■廣式餐廳推薦：Oriental City海城大酒樓
■印尼餐廳推薦：Kantjil & De Tijger
■泰國餐廳推薦：Krua Thai Classic
■尼泊爾餐廳推薦：NAMCHE
■素食餐廳推薦：Vegetarisch Restaurant Betty's
■韓式餐廳推薦：SOJU Bar Amsterdam
■火鍋餐廳推薦：袁式Yuan's Hot Pot

咖啡館 / 酒吧

　　許多咖啡館或酒吧，都會提供簡單三明治、沙拉、熱湯。尤其是中午時段，一些上班族會來用餐兼喝咖啡。荷蘭人很愛喝咖啡，只要是賣飲料的地方，一定會賣咖啡。

　　各大火車站內還設有各種速食店、簡餐店及咖啡館，或是火車月台的小速食吧（Kiosk），賣熱湯、三明治、零食、飲料、報紙等。如果你趕時間但又想吃品質好一點的麵包，火車站內還有連鎖麵包店De Broodzaak。

Tales & Spirist

酒吧推薦

　　如果你喜歡喝調酒，阿姆斯特丹有一間躲在窄巷裡的迷你酒吧Tales & Spirist，不管是酒吧本身或是內部的陳設完全是祖母級。而她獨特的調酒好喝到想把酒單上所有調酒都喝個一輪再離開。2016年更名列全世界最好的50間酒吧排名第十八名，是荷蘭唯一上榜的酒吧。因此建議你近傍晚時候去，不然真的等不到位子！

✉ Lijnbaanssteeg 5-7

路上觀察 這種咖啡店，不賣咖啡

　　在荷蘭，門牌上掛著「Coffee Shop」的店家，賣的可不是咖啡，雖然飄著濃濃咖啡香，其實是吸大麻的地方。可別走錯了！

🫘 **豆知識**

自來水可生飲？

　　在荷蘭只要打開水龍頭，即可生飲自來水。如果不習慣、或不敢飲用生水，建議還是買礦泉水！

行家祕技 買起士回家當伴手禮

　　若想買起士回家當伴手禮，除了在史基浦機場內可購買，在市區也有不少間起士店，如：Old Amsterdam（水壩廣場和辛格花市周邊均有分店）、Cheese Bar Amsterdam（位於De Lasste Krimel麵包店隔壁）。

　　位於Spui區、辛格花市(Single)旁一帶也有數間起士店，如Boska Dutch Delicacy，店內提供各種分量大小很剛好的起士禮品。

麵包、糕餅店

　　荷蘭也有不少麵包店，像是連鎖店Bakkerij Bart，不管是否為出爐時間，都可買到新鮮的各式口味麵包，當作簡單的一餐或點心也很不錯。一般傳統荷式的塔派選項，除了蘋果派、巧克力派、紅蘿蔔派、檸檬派之外，還有香濃的起司蛋糕和布朗尼。

　　普遍來說，荷蘭的麵包糕點店不像台灣或日本那樣琳瑯滿目，種類與口味上都比較單調一些，但是仍有幾家頗受好評的糕餅店，都是品質和顏質兼具，不妨挑一間來嘗嘗：Broodhuys、WALDO、De Drie Graefjes、Le Fournil de Sébastien、Hartog's Volkoren Bakkerij Le Perron Bakkerij、Kwekkeboom和Patisserie Holt-kamp、Koekela、Dudok(位於鹿特丹)。

　　另外位在Vrijzelgracht上的Patisserie Holtkamp和九條街區的Pompadour也是不錯的選擇。

http www.patisserieholtkamp.nl/nl
http www.pompadour.amsterdam

Simon Meijssen

麵包店推薦

　　以阿姆斯特丹來說，推薦Simon Meijssen這家麵包，價錢雖然高一些，但口感不差，蛋糕系列製作得還算精緻，頗受當地好評。

http www.simonmeijssen.nl

De Laatste Kruimel

麵包店推薦

　　這裡有新鮮出爐的麵包及現做三明治，可以加點杯咖啡，悠哉享用。運氣好的話，可在麵包店後方的小天台用餐喔！

http www.delaatstekruimel.nl

Van Stapele Koekmakerij

人氣餅乾店

　　這間人氣超高的巧克力餅乾店完全不打廣告，僅靠著口耳相傳就深獲當地人喜愛，來自世界各地的遊客也都慕名而來。它是除了薯條店之外，我看到在阿姆斯特丹會需要排隊的店，雖營業到傍晚6點半，但往往不到4點就已售罄。所以現在也推出網上訂購、店內取貨的服務。

　　店內只販賣巧克力餅乾，當場現做烘烤，在狹小的木製空間內，香氣四溢。擘開餅乾後，內餡的白巧克力隨即流瀉出來，剛出爐熱騰騰的最好吃！櫃檯旁即是餅乾製作烘焙區，讓大家可以觀賞，櫃子上寫著荷文：「Beter een koeck in den mond, dan tien op den grond.」，意即「嘴裡一塊餅乾，勝過在地上的10塊」。

http vanstapele.com
✉ Heisteeg 4
🕐 10:00～18:30
$ 一塊小餅乾格2歐元
　 一次購買6塊10歐元

Gebaakraam攤車

季節限定

　　每年11月底～1月初，街道或廣場上都可看到Gebaakraam攤車，賣著應景的油炸包、奶油包、鬆餅等，算是為迎接年底的聖尼可拉斯節、耶誕節及跨年，而揭開的序幕。

餐廳推薦
分區介紹阿姆斯特丹的美食地圖……

美食好不好吃是見仁見智，市中心大部分的餐廳都擠滿觀光客，很容易踩雷；該怎麼挑選呢？將阿姆斯特丹分成數個區域，你可以從這些地區各自的特色入手尋找，也可以直接選擇本頁推薦的餐廳。

● **西區**：Oud-West Overtoom + Kinkerstraat 街：離開萊登廣場後，便進入Overtoom區。這裡屬於一般住宅區，有不少兼具家常與獨特風味的餐廳。

● **南區：De Pijp區**：非常受歡迎的在地生活圈，餐廳林立，又有阿姆斯特丹最大的奧伯特露天市場(Albert Cuypmarkt)。

● **舊城區：Jordaan區**：有運河、傳統三角屋脊，充滿濃濃的荷蘭古老風味，此區餐廳多半較高檔，也有米其林。

● **博物館廣場區(Museum Quatier)**：和約旦區的風格相近，平價與高檔餐廳各半，要找到一家不錯的餐館絕對不是問題！

● **東區爪哇街(Javastraat) + Dapper Market**：這裡有濃厚的中東風味，想一啖中東美食，就搭上電車1號，避開熱鬧的觀光區，順道逛逛Dapper露天市場。

● **公園區：VondelPark周邊**：在市區最大的風斗森林公園周邊，餐廳評價多半都不錯，幾乎每一間都高朋滿座。選定後就要趕緊打電話訂位，以免向隅。

● **南區：奧林匹克運動場(Olympic Stadion)**：經過翻新與修繕，運動場周邊成了阿姆斯特丹全新的商圈與運動據點。少了觀光客聚集，是愜意悠閒的好去處！推薦Mr. Sam Asian Bistro、MaMa Kelly Amsterdam、Hidden、Wils & Wils Bakery、Vascobelo。

Bazar
http www.hotelbazar.nl/en

位於奧柏特奎伯市場內，相當受到歡迎，以北非和中東菜肴為主，且價格親民。

Moeders
http www.moeders.com

傳統荷蘭家常菜。不時推出10歐元的每日一餐。天天客滿，務必先電詢位子。

Kop van Oost
http dekopvanoost.com

位於東區，緊鄰運河和風車，全日供餐。落地玻璃窗的設計，在享受餐點之餘還能欣賞窗外美景。

Vegan Junk Food Bar
http www.veganjunkfoodbar.com

賣全素食漢堡及餐點，漢堡幾乎都是特大號，絕對吃得飽，推薦Black Daddy漢堡。市中心有4家分店。

MOMO
http www.momo-amsterdam.com

萊茲廣場最受歡迎的餐館。菜色多變，每晚座無虛席，最好預先訂位。荷蘭朋友極力推薦。

De Hallen
http dehallen-amsterdam.nl

位於阿姆斯特丹西區，由舊電車棚改建為一個結合圖書館、劇場、攝影棚和超過數十個提供創意料理攤位的美食街。

De Drie Graefjes
http www.dedriegraefjes.nl

相當受歡迎的餐廳，各種西式麵包餐點，是享用午餐和下午茶的好地方。

Restaurant De Kas
http www.restaurantdekas.nl

餐館建於綠地的溫室內，相當特別，菜色道地，頗有口碑。

Waag

http waag.org/en

鄰近Zeedijk華人街和紅燈區，因是起士房改建所以頗為顯眼。推薦來這裡喝下午茶或點份班乃迪克蛋(Eggs Benedict)，同時觀賞來往行人和一旁的露天市場。

Loetje牛排館

http oost.loetje.nl / ✉ Ruysschstraat 15 / 🕐 10:00～22:30 / ➡ 從中央火車站搭乘地鐵53或54號，在Wibaustraat站下車。下車後步行5分鐘即抵

老字號的牛排館，在荷蘭當地有多家分店。提供價格合理、兼具美味，水準之上的牛排餐點。最推薦Loetje Oost這家分店，鄰近市中心Amstel區，評價也最好。此外，連鎖牛排館Gauchos也很受歡迎，最好預先訂位，同時一定要空著肚子來！

The Butcher Burger

http the-butcher.com

如果你喜歡吃大尺寸的多層漢堡，Butcher絕對是最佳之選。現煎的漢堡肉多汁厚實，讓人很願意掏出10歐元享用。位於奧伯特市場(Albert Cuyp)的分店還隱藏了一間小酒吧。全荷蘭姆斯特丹有5家分店，特別推薦Butcher Social Club，可觀賞阿姆斯特丹市景，從中央火車站後方搭船到對岸即達。

Brouwerij't IJ

http www.brouwerijhetij.nl

有一座荷蘭傳統風車，既是古蹟，又是酒吧餐廳，平日下午就陸續有不少酒客光顧，到了傍晚，這裡人聲鼎沸，座無虛席。最好提早到達，以免鎩羽而歸。

行家祕技　5個必去的露天酒吧！

- **Skylounge**：位於希爾頓Double Tree 旅館頂樓
- **A'dam Lookout**：位於愛河(ij)上的阿姆斯特丹高塔
- **Zoku**旅館頂樓
- **Canvas**頂樓露天酒吧
- **Dakterras Gapp**空中綠洲酒吧

行家祕技　在預算內好好吃頓飯

如果預算有限，但還是想吃得像樣點，可到荷蘭各大城的HEMA生活用品店、La Palace餐廳用餐。HEMA每天早上10點前推出2歐元的早餐組，也有平價的午餐及下午茶，而且烘焙區隨時都有新鮮的麵包。貨架上更有不少荷蘭口味的零食餅乾，可買了隨身攜帶，可說是旅人省錢的首選。

La Place提供早、午、晚餐和下午茶。雖然單價稍貴一些，但是菜色和口感都不錯，從主食到甜點都有，而且比起一般餐廳，還是便宜得多。

貼心 小提醒

All you can eat 吃到飽服務

一般中國餐館或日本料理餐廳(推薦：Sumo、Mojo、Tomo和Genroku)皆提供All you can eat的吃到飽服務(Buffet，荷蘭文是Onbeperk)。平日可能不需特別預約，但週四～日期間多半高朋滿座，建議先電話查詢是否有座位。 Mojo ▶

荷蘭的超市 Albert Heijn

最喜歡到每一個國家逛當地的超市,這可是必要的挖寶行程。

超市種類

超市,不但東西多、方便、省錢,還可享受一下逛國外超市的樂趣!如果旅行途中或下榻旅館附近有超市,你甚至可買一些食物帶著旅行。荷蘭的超市,依照價格定位分成高價與平價超市。

■**高價超市:** Albert Heijn、Spar、Jumbo、Marqt Amsterdam

■**平價超市:** Aldi、Lidl、Coop、Plus、Dirk、Vomar

近年來,不少人改選有機食物料理或純素Vegan,也因此這類型的超市或商店也應運而生,像是Ordin Amsterdam。**請注意** 在荷蘭的超市購物,只接受現金及金融卡,極少部分的超市可使用信用卡。

超市購物清單

乳製品類

可以買不需冷藏的鋁箔包牛奶或保久乳。荷蘭的乳製品(像是優格),非常好吃,但如果你的房間沒冰箱,一定要立即食用。為了吃優格,記得攜帶輕便、可清洗的湯匙。

乾糧類

餅乾、零食,可隨身帶稍解飢餓,也可在晚間回旅館後當零嘴吃。

水果類

香蕉、蘋果、柑橘等可帶在隨身攜帶,方便食用,至於需要使用到刀具的水果,別忘了攜帶輕便刀叉/湯匙;小刀切記要放行李託運,不然通關查驗時會被沒收。

麵包類

可買吐司麵包/小麵包、起士片/肉片,以及巧克力醬/果醬/花生醬。吐司怕吃不完,可買半條。為了吃吐司、塗抹果醬,記得攜帶輕便、可清洗的奶油刀。

飲料類

礦泉水、牛奶、果汁、即溶咖啡、茶包等。

甜點類「Vla」

有點像奶昔,有多種口味,不妨先買小盒裝的品嘗!Vla也屬乳製品,需冷藏,買來要趕快吃完,放隔夜就不新鮮了。

飲食篇

行家祕技 各式各樣的乳製品

荷蘭是乳製品王國，擁有高品質的牛乳和乳製品，如優格或優酪乳等等。而牛奶的部分，又分為以下數種。若擔心牛奶隨身帶太重，可選擇鋁箔包的小盒牛奶或調味乳，通常1組3小盒。以下列出各式乳製品的荷蘭文，供採購對照：

■高鈣牛奶：Calcium plus / met calcium
■半脂牛奶：Halfvolle melk
■全脂牛奶：Volle melk
■低脂牛奶：Magere melk
■優酪乳：Yoghurt
■酸奶：Karnemelk(一般包裝都是白底紅色字，味道很像酸吐味，很健康，但你絕對不敢聞，更別提想要喝了......)

近來在台灣很夯的米牛奶(Rijstmelk)和燕麥牛奶(Oatly)在荷蘭也很受歡迎，而且價格比台灣便宜近3倍。

貼心 小提醒

火車站的Albert Heijn To-Go超市

荷蘭各地火車站內都有Albert Heijn To-Go，有點像台灣的便利商店，價格較一般超市貴一些。如果你趕搭火車、又餓到不行、也懶得找地方用餐，不妨在這裡買點吃的，先果腹再說！

使用超市空瓶退費機 Step by Step

在超市購買1.5公升、2公升的汽泡飲料(不含酒類)，結帳時會加收空瓶回收費0.25歐元，喝完後可到超市回收並退費。300C.C.玻璃瓶裝啤酒的空瓶費是0.1歐元，一樣可使用機器回收退費。

各大超市都有回收機，但請確認是否符合退瓶要求，如果欲退還的空瓶不是該超市的商品，則會被機器拒收。機器操作方式很簡單，請見以下：

Step 1 投入空瓶

Step 2 按下綠色鈕等機器計費

Step 3 取單據，至收銀台退費

購物篇
Shopping

在荷蘭，買什麼紀念品？

在荷蘭，名牌效應不大，穿著品味不算出色，人們比較著重價格，不過近年也有不少知名品牌進駐，
好物也不是沒有。像在阿姆斯特丹就有不少設計師自營品牌，仔細挑，慢慢逛，絕對能找到喜歡的物
件。紀念品或伴手禮選項就很豐富：木鞋鑰匙圈、米飛兔、鬱金香球莖、梵谷周邊商品、阿姆斯特丹
城市紀念品，或是吃到無法停口的楓糖餅！

馬斯垂克多明尼加教堂書店，
全世界最美麗的書店之一。

購物須知

學習一些購物須知和技巧，順便也能瞭解當地的消費習慣和風俗民情。

營業時間 週四是購物夜

荷蘭商店的營業時間，通常都會標示在門口。一週營業概況如下：

■**週一：**大部分商店11:00～18:00，小城鎮商店13:00～18:00。

■**週二、週三、週五：**10:00～18:00。

■**週四：**10:00～21:00。這一天是荷蘭的Koopa-vond(購物夜)，營業時間延長至21:00，部分超市則到22:00。

■**週六：**10:00～18:00。

■**週日：**大城市的部分商店12:00～17:00(或18:00)，其餘商家和小城鎮商店一般都不會營業。

購物禮儀 買蔬果別動手摸

進店門先說Hallo

進入店家時，店員都會對顧客說：「Hallo」(歡迎光臨)，你也可以用Hallo、微笑回應。

擺設好的商品勿動手

如果到傳統市場買蔬菜水果，可別像在台灣一樣，隨便拿起來挑挑撿撿。請直接告訴老闆你要什麼，讓老闆拿給你，如：柳丁1公斤，青椒2公斤。除非老闆直接遞空塑膠袋給你，讓你盡情挑選。超市的購物袋要錢喔(折合台幣約2～5元)。

貼心 小提醒

購買蔬果動口不動手

有的攤位老闆比較龜毛，會把商品排得整齊漂亮，或是不喜歡顧客因挑選而傷了蔬果。若商品被你那麼一動，角度和先前排得不一樣，老闆就會不太客氣喔！

試穿衣服先拿號碼牌

請先詢問店員是否能試穿，若人潮擁擠，試衣間大排長龍，就必須按照服務人員指示，依序排隊。輪到你時，服務人員會給一張號碼牌，請帶著號碼牌、要試穿的衣服進試衣間。試穿完後，把不喜歡的衣服、號碼牌都交給服務人員，而決定要買的衣服，則自行拿到櫃檯結帳。

▲ **試衣間的荷文標示**

折扣期 8折→7折→5折

荷蘭的季末折扣，有一定時間。冬季：新年（1/1）後的第一個星期；夏季：6月下旬～8/31。折扣是一檔檔下殺，從8折、7折，再下到5折。通常5折之後不是尺寸不齊，就是挑到喜歡的樣式、可是想要的顏色已經沒了。

如果你在商店櫥窗上看到這個字「Oprui-ming」意即該店目前推出清倉折扣 ▶

 豆知識

荷蘭式買一送一

2 halen, 1 betalen！Op=Op、2e Gratis

荷蘭人有時和台灣人還挺像的，也喜歡用買一送一來做促銷。其中，「2 halen, 1 betalen 或2eGratis」是指買一送一；「Op=Op」就是提醒你，這項商品數量有限，賣完就沒有了，趕緊把握機會，要買要快！這種刺激買氣的方式還頗奏效，因為荷蘭人很吃「便宜」這一套，只要店家打出這種銷售方式，消費者就很容易上勾！

付款方式

在荷蘭境內消費，使用現金和金融卡較為普遍。商家多半會在店門口標示可接受哪種類型的信用卡付款。如果遇到未標示的商店，最好先詢問可否刷卡。此外，手機支付也開始漸漸普遍。

退稅 消費要滿50歐元

來到店門標示「TAX FREE SHOPPING」的商店，同一人、同一天、在同一家店消費達「50歐元」以上，才享有退稅權利。如果不確定商店接不接受退稅，最好先詢問店員（如何辦理退稅，請詳見P.148）。

💗 貼心 小提醒

信用卡刷卡設定繳款

刷卡單據要保留，方便日後核對帳單。費用會以當日消費匯率計算。如果你的旅遊天數較長者，可利用「銀行自動扣款」或「網路繳款」，以免逾期未繳。

手機感應支付

不是每一家台灣發卡行的感應信用卡都可在國外使用，請先詢問銀行。最好攜帶些現金、ATM跨國提款金融卡和信用卡。

超市僅收銀行卡與現金

荷蘭的超市僅接受簽帳金融卡和現金付款。有相當極少數的超市如(Albert Heijn)可使用信用卡。超市不接受200和500歐元面額的紙鈔。

火車及地鐵售票機可用信用卡

荷蘭火車站內的黃色售票機大多已開放旅客使用信用卡(Visa/Master)付款。然而，仍有少部分中小型城鎮的火車站僅接受硬幣(不接受紙鈔)和簽帳金融卡(Maestro/debit card)付款。由於中小型城鎮無設置人工售票處，假若你要前往這些地區旅遊，身上又不可能攜帶20歐元以上的硬幣，建議你使用銀行卡(出國前就申辦好)。這是最方便購買火車票的方式，還可上荷蘭鐵路局官網購票(ns.nl)，又可以便宜1歐元。

商品退換 遵守退換規則

買了商品，之後發現有瑕疵、尺寸不合、或後悔了，想退貨，這時可將購物收據拿出來瞧瞧，若寫著：

■ **Ruiling binnen 14 dagen met aankoopbon en aangehecht prijskaartje**：意指請在14天內，將購買的商品(含收據、未拆吊牌)，一併帶回商家退還。

■ **Afgeprijsde artikelen ruilen binnen 7 dagen**：意指如果你買的是「折扣商品」，需於7日內帶回商家退還。

■ **Geen geld retour op aktie-artikelen**：意指如果你買的是「特價商品」，則恕不接受退貨、退錢。

請注意 如果商品有汙損，或是標籤已拆是不能退還的。特價商品是否接受退貨，則視店家而定。

逛街購物指南

20% KORTING OP CLINIQUE*

百貨精品、特色商店、傳統市集、二手跳蚤市場，走走逛逛，說不定能挖到寶喔。

性格節儉的荷蘭人在世人印象裡，總被嘲笑和時尚沾不上邊，品味簡直無可救藥。也許是因為荷蘭天氣經常風大雨急，荷蘭人又以單車代步的生活方式，衣裝打扮上自然也就不那麼重要。說好聽點，因為荷蘭人特別務實，講究穿衣服的實用性。然而近幾年來，觀光客暴增，全球各大小品牌看準了商機而紛紛進駐，也出現了自家出名的牌子和一些小眾獨立的設計師，還有每年的時尚週，順勢改變了荷蘭人對門面的要求，擺脫了荷蘭人土味的形象。所以，來荷蘭，街還是要逛的。從服飾、精品、藥妝、到當地零食，你的荷包可是省不下來的。這裡介紹幾條購物街，絕對能找到你要的寶！

Pieter Cornelisz Hooftstraat

想買名牌就來這兒

Pieter Cornelisz Hooftstraat附近一帶，全都是最高檔精品專門店，像Prada、Chanel、Gucci、Hermes、Louis Vuitton。珠寶精品：Chopard、Cartier、Mont Blanc、Henckels。

在阿姆斯特丹買LV：Pieter Cornelisz Hooftstraat 140和De Bijenkorf百貨1樓

在鹿特丹買LV：De Bijenkorf百貨

Kalverstraat Leidsestraat

■ 匯集流行精緻人氣

水壩廣場（De Dam）旁的Kalverstraat、Nieuwendijk和前往萊茲廣場（Leidseplein）前這條Leidsestraat，是人潮最擁擠的血拼大街。以下列出幾個必逛品牌。

➡ 請詳見P.158「水壩廣場」

平價快時尚品牌

不少受到年輕人歡迎的品牌也在荷蘭展店，例如Hollister、Pull & Bear、Bershka、Mango、Primark和Uniqlo等。H&M生活家居館也開幕囉！

WE、G-Star RAW Jeans、Scotch and Soda 荷蘭自創服飾品牌

近年來荷蘭自創的設計品牌在市場上漸露頭角，款式兼具上班族需求及休閒風格，且價格平實，舉凡WE、Scotch & Soda，以及開始在全球開設分店的牛仔褲品牌G-Star都很值得逛逛。至於比較老牌的荷蘭大國民成衣連鎖店C&A，雖然價格非常便宜，但較老氣、過時！名牌街Pieter Cornelisz Hooft-straat也是必去的敗家勝地。

生活精品店 帶不走，逛逛也不錯

可從荷蘭生活精品店的商品陳列，看到人們為季節轉換、迎接節慶，用心營造的家庭裝飾和庭院擺設巧思。

■**HEMA、Blokker、Rituals**：精緻路線的生活用品品牌。來逛逛，順便觀察荷蘭人怎麼布置自己的家。

■**Xenos、Action、Euro Shop**：相當平價的生活用品店。東西雖便宜，但品質明顯有差異，有的甚至就像路邊或二手市場裡不要的垃圾物品。

九條街
De Negen Straat

所謂9條購物街是從水壩廣場到約旦區之間與運河平行的9條街道。位於Raadhuisstraat和Leidsestraat De Negen Straat這2條街之間連接了辛格、王子和國王3條主要運河中的9條小街道所圍之而成。街坊巷弄間有咖啡店、手工藝品店、畫廊、書店、小餐館和值得登門逛逛的特色小店。

Rokin、Singel、Kinkerstraat
辛格運河一帶的國王廣場到萊茲廣場

■ 充滿各年齡層人潮

水壩廣場附近的Rokin和Nieuwendijk、運河旁的花市前，所謂的國王廣場（Koningsplein）到Herengracht，Keizersgracht和Prinsengracht這一帶，也是阿姆斯特丹屬一屬二川流不息的人潮區。服飾店和小吃店櫛比鱗次，來往班次頻繁的電車，讓這條街看起來永遠那麼繁忙熱鬧。

➡ 請詳見P.157「辛格運河花市」、P.158「萊茲廣場」

傳統露天市場

■ 進入常民生活－De Pijp區

逛傳統市場最能看到當地人文風情,通常是旅行中最不能錯過的有趣行程之一。荷蘭傳統市集大部分都於週五08:00～17:00營業,多半在大型廣場或教堂前空地舉行。在阿姆斯特丹,則屬奧柏特奎伯市場及其附近的Van Woustraat街、Ceintuurbaan一帶和滑鐵盧廣場(Waterlooplein)最為熱鬧。

Albert Cuypmarkt (奧柏特奎伯市場)

市場前半部以衣飾、日用品為主,後半部則為蔬菜水果、起士、海鮮、肉類等食物的天下。摩肩擦踵的人潮,一點不輸台灣的夜市。

🌐 www.albertcuypmarkt.com
🕐 週一～六 09:00～18:00
➡ 從中央火車站前搭電車24號,在Ferdinand Bolstraat 和Albert Cupstraat交叉口下車站名即為「Albert Cuypmarkt」,或搭乘地鐵52號,在De Pijp站下車

Amsterdam Noordermarkt

位於北教堂附近,Haarlemmerstraat街和Haarlemmerdijk街這一帶,是阿姆斯特丹另一個活絡的小社區,這裡商店和咖啡店雲集。廣場上每週六為有機農產品市場,也有二手衣,舊貨和骨董攤位。

➡ 從中央火車站搭乘電車13或17號在Westermarkt站下車,即可抵達

Amstel Waterlooplein Flea Markt (滑鐵盧跳蚤市場)

以舊家具、唱片書籍、骨董藝品為主,常有玩古雅士來蹓躂尋寶。

✉ 滑鐵盧廣場
🕐 週一～六 09:00～17:30
➡ 從中央火車站前搭電車14號,或搭地鐵51、53、54線,在Waterlooplein站下車

Ij Hallen Markt

全歐洲最大的露天跳蚤市場(每年場次請上官網查詢),總共設有共750個攤位。地點就在NDSM。這是一個需要購票入場的跳蚤市場,成人5歐元,兒童2歐元。開放場次或想要租用攤位,請參考官網。

🌐 ijhallen.nl/en

Dappermarkt

位於阿姆斯特丹東區,是繼奧柏特奎伯市場後另一個大型的露天市集,成立時間僅晚5年。由於該市集位在「Indischebuurt」印度區,附近一代的居民以中東、蘇利南等其他民族為主,所以這裡也別於當地的異國風市集。和一般露天場差不多,攤位很多,非常熱鬧。除了新鮮蔬果、各類肉品、雜糧乾貨、日用品,同時還能觀察到這些異國民族特色的飲食,還有他們在荷蘭當地依舊遵循自己的文化傳統生活。

➡ 從中央火車站搭乘電車3、7號在Muiderpoort station 站,即可抵達

購物篇

百貨精品店

時尚精品朝聖

荷蘭最大的百貨購物中心De Bijenkorf，全國五大城市均設有分館。旗艦店當然位於阿姆斯特丹。數年前，整館重新改裝，同時邀集各大時尚品牌入駐，像是Louis Vuitton、Burberry和Gucci等，完全走精緻高品質路線。百貨的櫥窗設計也相當吸睛，經常是網美打卡拍照的熱點。

➡ Bijenkorf 在水壩廣場對面。可從中央火車站出來步行前往水壩廣場，或搭乘電車4、24號在水壩廣場站下車

De Jordaan

懷舊人文氛圍

和其他幾條街比較起來，約旦區老舊的街道和布滿歷史的屋脊，圍繞著懷舊與人文的氛圍。若往Haarlemmerstraat方向走，則餐廳、藝品店、咖啡店林立。

➡ 搭乘電車13、14、17可抵達

▲ 阿姆斯特丹約旦區(Jordaan)

Spiegelkwartier

飄送藝術氣息

這條街因為鄰近國家博物館(Rijksmuseum)，多半販售骨董、畫廊、藝術品。

➡ 搭乘電車2、5、12號可抵達

Utrechtsestraat

放送創意與活潑生氣

繁忙的街道混雜各式消費機能。有餐廳、咖啡店、生活用品店、個人經營設計的服飾店。

➡ 搭乘電車4、14號，在Rembrandtplein站下車後，步行即達

唐人街 Zeedijk

巷弄裡的亞洲風味

如果你想品嘗當地的亞洲美食或逛逛亞洲商店可以前往阿姆斯特丹的唐人街(Zeedijk)。這條街距離水壩廣場和紅燈區都很近。

➡ 出中央火車站往左方走，過馬路後即為唐人街街尾

海牙 Den Haag

海牙的購物區集中在GroteMarktstraat街一帶，包括Spuistraat街、Venestraat街及Hoogstraat街。此外，HaagscheBluf和Passage也是商店與餐廳的集散地。Denneweg路和Frederik-straat街有不少高檔的精品店也值得一逛。海牙也有一個小中國城，正好就在Bijenkorf百貨公司旁的Wagenstraat街。

鹿特丹 Rotterdam

鹿特丹的購物區集中在Lijnbaan街、Koophoog街、Hoogstraat街、Meent街和Van Oldenbarnevelt-straat街一帶。市區外還有兩座大型購物中心：Zuidenplein Mall以及Alexandrium。

Roermond Designer Outlet

這間Outlet位於荷蘭南部林堡省（Limburg），因其緊鄰德、比優越的地理位置，所以來這裡購物的消費者相當國際化。Outlet離Roermond火車站不遠。從生活用品、家用品、化妝品、名牌服飾如Gucci、Prada、Hugo Boss、Tod's到近年來頗夯的運動用品應有盡有，喜歡名牌的人來這裡絕對不會失望！Outlet占地面積廣大，進去時最好先索取地圖研究一下怎麼逛，免得走到腿軟。

- http www.mcarthurglen.com/nl/designer-outlet-roermond/cn
- ✉ Stadsweide 2, 6041 TD Roermond
- ⏰ 週一～五10:00～22:00，週六、週日09:00～22:00
- ☎ +31(0)475-351777
- ➡ 搭乘火車至Roermond站(從阿姆斯特丹中央火車站出發有直達火車前往，車程為2小時)。下車後往市中心方向沿著指標步行約15分鐘即抵

烏垂克 Utrecht

烏垂克的購物區集中在Lijnmarkt街、Oude Gracht街、Choorstraat街、Oudkerkhof街和Korte Minrebroedestraat街一帶。Nachtegaalstraat街有不少室內設計的商店和餐館。此外，花市位於Jankerkhof街，布料市場（Lapjesmarkt）位於Oudegracht街。一般的市集則位於Breedstraat街和Vredenburg廣場，而烏垂克火車站本身就是一座購物中心Hoog Catharijne。

馬斯垂克 Maastricht

Jerkerkwartier是筆者最愛的地區。古色古香的街道，慢慢走，喝杯咖啡，盡情享受慵懶午後時光。整個市區圍繞著自由霍夫廣場（Vrijthof）而建。最熱鬧的購物街就屬Grote straatt這條街。平日有農漁產品市和二手市集。週三和週五的早上則是一般市集，正好就在市政府廣場前（Markt Square）。市區的購物中心有Mosae Form、Winkelcentrum Brusselse Poort和Entre Deux。

想找高檔精品，順便在市區最浪漫的街道散步？Stokstraat、Wolfstraat兩街當之無愧。Wyck區有最值得一逛的室內精品、藝廊、骨董店。

路上觀察 Tony's Chocolonely東尼寂寞巧克力

多彩包裝和口味，其名源自於3位荷蘭記者，強調零工奴生產，創造出超夯的新品牌。他們建立了自己的公平交易系統，確保巧克力生產合乎公平，從追溯生產源頭、提高收購價格等，一直彌補到生產鏈最上頭的農民所需來改善生活。

包裝上，亦特別使用森林管理委員會(Forest Stewardship Council)認證的紙張，鋁箔紙也是回收再製。最終更幫助了最大可可豆生產地如迦納與象牙海岸等地約150萬的兒童能夠不被強制工作而能就學。史基浦機場、Albert Heijn超市都買得到！Tony's Chocolonely還在著名的經典建築(Beurs van Berlage)內開設了巧克力吧。

- ✉ Damrak 213
  (近Bijenkorf百貨公司)

特色紀念品

到荷蘭，濃濃在地味的伴手禮，讓人無一不驚喜連連，似乎非買不可。

阿姆斯特丹的街上，走個三兩步，就有一家紀念品店。紀念品店裡，有各種讓人眼花撩亂、又愛不釋手的紀念商品，讓人想一次打包帶走。除了比較常見的風景明信片、T-Shirt之外，以下列出「非買不可紀念品」推薦。

木雕鬱金香

楓糖餅

米飛兔(Miffy)相關商品

穿傳統服飾的荷蘭娃娃

台夫特藍陶

荷蘭木鞋

大膽性器官造型商品

「I amsterdam」紀念品

造型磁鐵

如何退稅

在荷蘭購物，需多加19%的稅，幸好可辦理退稅，讓荷包少失點血。

在荷蘭購物，需給付19%附加價值稅(VAT)。但如果你是居住在非歐盟國家的旅客，只要同一人、同一天、在同一家標示有「TAX FREE SHOPPING」的商店購物，並消費達「50歐元」以上，便能享有退稅權利。

請注意 每個歐盟國家的「購物附加稅率」不同，可退稅的「最低消費金額」門檻也不同。請依各國規定辦理。

 貼心 小提醒

離開最後一站歐盟國家，再辦退稅

若除了荷蘭，你還預計到其他歐盟國家旅遊、購物，並不需在離開每個國家時都辦退稅。你只要在離開最後一站歐盟國家時(例如：西班牙)，一次辦理退稅手續即可。但記得，需在商品購買3個月之內，離開歐盟、辦理退稅喔！

退稅條件

在每家商店購物結帳時，記得向店家拿發票、退稅單。到機場退稅時，必須提供護照、登機證、店家給的收據、退稅單(先以英文填妥相關資料)、要退稅的商品。

退稅手續

請先提早到機場做好要退稅前的準備。

填妥退稅單，提早到機場

事先將所有退稅單整理好，填妥資料，把同一家退稅公司的單子放在一起。整理好後記得先拍照存證，以後若有問題，便有依據可以查詢。

退稅單務必提早填寫好，如果寫錯字，可用原子筆畫掉，寫在旁邊，不要用立可白塗或畫掉。退稅的人通常很多，記得提前到機場辦理，以免因排隊或冗長的退稅時間而錯過班機。若有旅伴，可一人負責申請同一家的退稅，避免排隊等太久。此外，整理託運和手提行李時，記得將退稅商品放在手提行李，以便海關人員查核。

列印登機證

如果你已先行上網辦理好登機劃位，又列印好登機證，就直接前往海關櫃檯辦理退稅。史基浦機場2樓的出境大廳設有電子自助登機台，可自行辦理登機及列印登機證，若有託運行李，之後仍需到航空公司櫃檯辦理。

購物篇

退稅方式 Step by Step

▶先辦理退稅，再託運行李：海關查驗→辦理退稅→託運行李→入關

Step 1 前往海關核章櫃檯

前往位於出境大廳3號，約29～30號登機櫃檯之間，在30號櫃檯對面的角落就是海關櫃檯（Tax free validation）。海關人員會檢查你的護照、登機證、退稅單、購物收據（也會抽樣檢查你所購買的物品）。查核完之後待海關於退稅單上核章。每張退稅單必須蓋章（沒有蓋章就不能退稅），海關核章櫃檯服務時間至22:00。記得將已經蓋好章的退稅單拍照，避免退稅公司沒有退稅而無法追回。然後直接至退稅公司服務櫃檯辦理退稅，機場內有3家退稅機構，分別是歐洲常用的Global Blue、Premier，及荷蘭專有的Vatfree。

Step 2 前往Global Blue退稅

面朝海關櫃檯右手邊再往前幾步就是Global Blue退稅櫃檯（服務時間至20:30）。請備妥護照、登機證、退稅單和購物收據，申請現金或信用卡退稅。欲申請信用卡退稅或者退稅單上已填寫要退稅至信用卡，請備妥信用卡，待櫃檯查核後會交給你一張CUSTOMER RECEIPT退稅明細表和信封。現金退稅手續費採每張退稅單3.5歐元計，若申請退稅至信用卡，毋需支付手續費。

Step 3 將退稅單投入退稅郵箱

將所有蓋好章的退稅單放入信封，封好各退稅公司的信箱中。選擇信用卡方式退稅是不能現場拿到現金的。

Step 4 辦理登機及託運

辦完退稅後，到航空公司櫃檯辦理登機及託運行李。若退稅商品體積較大或過多，可在辦退稅之前，暫時先把退稅物品放在隨身行李，待辦理完退稅後，再重新整理。

Step 5 入關

辦理好退稅之後，即可前往指定的登機櫃檯辦理登機、託運行李，以及查驗護照離境。

♥ 貼心 小提醒

藍色小櫃檯就是Global Blue

藍色的Global Blue櫃檯前有個小服務台，對於退稅方面的疑問都可請教服務人員。小服務台前方的信箱口就是退稅郵箱Refund Mailbox。

行家祕技　退稅Q&A

- **退現金還是退到信用卡**：雖然退現金會被扣除許多手續費，但現場拿到現金，感覺似乎比較踏實。倘若時間緊湊又想要省手續費，建議選信用卡退稅。

- **退稅單怎麼寫**：大部分的退稅單都有中文，按照退稅單上的指示填寫即可，基本會有以下資訊需填。填好之後，將發票和退稅單放到信封內，最後一天交給海關處人員蓋章即可。
  1. 退稅者的護照號碼(Passport No.)、護照上的英文姓名(Name)
  2. 退稅者的電子信箱
  3. 退稅者的英文家庭住址(Home Address)、英文城市名(City)、國家名(Country)與郵遞區號(可利用中華郵政網站翻譯查詢)
  4. 退稅者的親筆簽名(Signature)

- **辦理退稅時須準備哪些資料**：退稅者的護照、已填寫好的退稅單、需辦理退稅的物品、購買的收據發票、旅行證件(機票)。

- **Vatfree的退稅方式**：將蓋好章的退稅單放進Vatfree專屬信封袋(信封封底也有步驟教學)，並自貼郵票(史基浦機場Service Point有賣郵票，店員會幫你投入郵箱寄出，不必擔心)。Vatfree網站上可看退稅進度。

退稅這裡辦

史基浦國際退稅組織「現金退稅辦公室」 Schiphol Cash Refund Office

- ✉ 位於第三航廈入關口旁，22號登機門對面
- 🕐 08:00～19:30(飛台灣的班機應該都是在此時段內出發)
- ℹ 現金退稅是退歐元

國際退稅組織

- http www.globalrefund.com
- @ taxfree@nl.globalrefund.com
- ✉ Leidsevaartweg 99, 2106 AS, Heemstede, Holland
- ℹ 在荷蘭境內，由Global Refund Holland(國際退稅組織荷蘭辦事處)負責

其他退稅公司的退稅地點

- **Vatfree.com TAX FREE**：若退稅公司是紅白色信封的Vatfree.comTAX FREE，該退稅公司服務台位在從Global Blue服務台再順向直走150公尺處。Vatfree除了退稅單必填之外，還要求額外填寫另一份表格資料(表格在店家消費時就會給你)。請保存好，別當垃圾丟了。

- **Premier Tax Free及Easy TaxFree**：Premier Tax Free及Easy TaxFree退稅公司，是由GWK Travelex 負責。GWK Travelex服務據點位於史基浦購物美食廣場(Schiphol Plaza)，在HEMA的隔壁。

＊資料時有異動，請以官方公布的最新資料為主

貼心 小提醒

在機場出境大廳購物，商品已經免稅

　　阿姆斯特丹史基浦機場出境大廳的免稅購物區，所販售的各類商品，其標價都已扣除附加價值稅(VAT)，不需再辦理退稅手續喔！

退稅單先分類

　　退稅前一定要看清楚退稅單上的退稅公司是哪一家。建議大家，先將不同退稅公司的退稅單整理好，並提早到機場辦理。

商品金額太高時，須入海關處再辦理

　　如果購買的商品單價過高，例如名牌包，辦理人員會要求你到入海關的退稅處辦理，並給你一張入海關後退稅櫃檯位置的地圖。

郵寄退稅單至退稅公司
Step by Step

Step 1 退稅單追加填寫資料

欲退稅至「信用卡帳戶」者，請於退稅單填寫信用卡號，退稅金額將會退至你的信用卡戶頭，但會先扣除相關手續費；欲以「銀行支票」（Bank Cheque）退稅者，請於退稅單上寫明支票要寄至哪裡。

Step 2 單據裝信封，投入郵筒

請使用在商店購物時、店家連同退稅單一併附上的「信封」（上面已填妥收件地址，且不需貼郵票），將所有退稅單「正本」（附條碼）及購物收據，都放入同一信封，直接投入郵箱。

請注意 務必留下所有退稅單「副本」（無條碼），供日後追稅之用。

貼心 小提醒
有Tax Free Shopping標誌才可退稅

若想在出境前辦退稅，商品必須是在荷蘭境內貼有「Tax Free Shopping」標誌的店家購買才行，且得「同一人、同一天、在同家店購物達50歐元以上(含稅價格)」，才享退稅權利。結帳時，務必向店員索取發票、退稅單(Global Refund Cheque)。

圖片提供 / www.schiphol.com

豆知識
阿姆斯特丹的避邪信仰XXX

走進荷蘭的紀念品店，有一種紀念品你可能會有疑問，就是這個印有Amsterdam XXX圖樣的商品。到底XXX有什麼經典故呢？甚至走在街道上，都能不時看到這個旗幟或標誌。XXX，其實是阿姆斯特丹的市標，每個X都有其特殊含義，得追溯自早期阿姆斯特丹歷經的劫難，分別為：逐水、滅火、避黑死病。總而言之，這個圖騰寓有擋災鎮邪的意思。

▲ 依照順序排隊辦理退稅，在場有服務人員協助，退稅信箱也在退稅區內

▲ 退稅人潮很多，特別是旅遊旺季，最好盡早前往機場辦理退稅

玩樂篇
Sightseeing

荷蘭，哪裡最好玩？

荷蘭的人文藝術相當豐富。從百萬收藏的國家博物館、梵谷美術館、林布蘭之家，到相當值得探訪的安妮法蘭克之家、新一代藝術先鋒Moco博物館、米飛兔創作者之家，還有多個風車、起士特色小鎮、運河花田、新建築朝聖之地鹿特丹，以及讓人大開眼界的夜生活！

阿姆斯特丹

不論你是喜歡藝術的、歷史的、活力的、花卉的、休閒的景點，阿姆斯特丹都有。

阿姆斯特丹並不大，想要體驗這個城市，就是徒步。特別是走在約旦區(Jordaan)，你會發現，這裡有好多最能代表荷蘭的經典印象。倚倒在運河邊的腳踏車、東倒西歪的山形牆屋，搖搖晃晃的小舟，無所謂哪個時段，稍不經意的小轉角，都是美到好不真實的畫幅。沒有過度的建設，讓舊世紀的風華仍能擺渡延續。

英語的通行，更讓遊客輕易地融入當地自由不羈的生活風格。來過阿姆斯特丹的人最終能了解，為什麼每一天、每一年有這麼多人想要擠進這座城市，不管是旅行，還是想來這裡生活。

行家祕技　善用旅遊服務中心VVV

荷蘭的大城小鎮都設有旅遊服務中心VVV，提供當地旅遊資訊，包含住宿、交通、景點、節慶活動、地圖、車票、博物館卡、紀念品販售，還可回答你的任何疑問(服務人員皆諳英語)，甚至可免費幫忙代訂旅館、門票。

建議每到一個城鎮，最好先去找VVV，大部分的VVV都位於市中心或離火車站不遠的地方(出火車站後，會有標誌指示)。有些VVV提供的地圖、旅遊手冊要付費，也有些可免費取閱。每個地區的VVV服務時間不同，服務時間表都會貼在大門上，最好事先查明。

熱門景點

梵谷美術館
Van Gogh Museum

http www.vangoghmuseum.nl ／ ✉ Museumplein 6, 1071 DJ, Amsterdam ／ 🕐 10:00～18:00，依官網公布為主 ／ 💲 全票19歐元(接受網路訂票，網路票經常售罄，請及早預訂) ／ ➡ 從中央火車站前搭乘電車2、12號，或從萊茲廣場搭乘電車2、5、12號，在Van Baerlestraat下車

館內畫作依其創作時期分類，從1880～1890共分5時期，收藏梵谷一生創作，其中包括200多幅油畫。。對梵谷有興趣者，可另前往荷蘭中部的梵谷森林之庫勒慕勒美術館(Kröller-Müller Museum｜Nationale Park De Hoge Veluwe)，以及梵谷村努能(Neunen)和梵谷的家桑德鎮Zundert。

阿姆斯特丹觀光景點相關位置

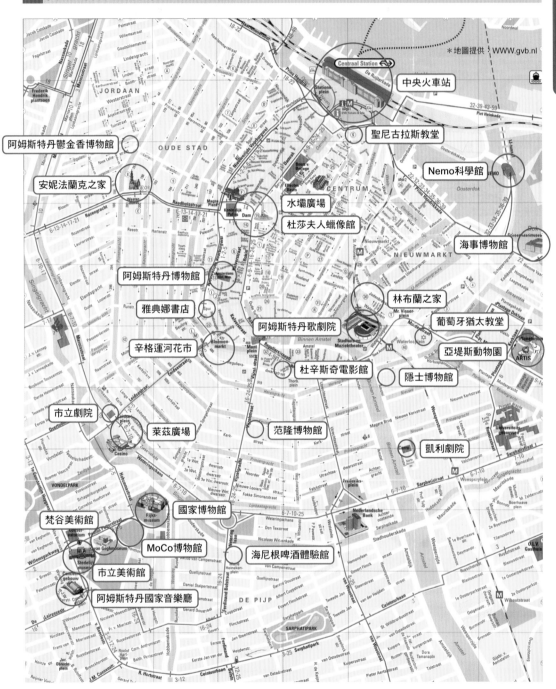

※ 地圖提供｜WWW.gvb.nl

中央火車站

聖尼古拉斯教堂

阿姆斯特丹鬱金香博物館

Nemo科學館

安妮法蘭克之家

水壩廣場

杜莎夫人蠟像館

海事博物館

阿姆斯特丹博物館

林布蘭之家

雅典娜書店

葡萄牙猶太教堂

阿姆斯特丹歌劇院

辛格運河花市

亞堤斯動物園

杜辛斯奇電影館

隱士博物館

市立劇院

萊茲廣場

范隆博物館

凱利劇院

梵谷美術館

國家博物館

MoCo博物館

海尼根啤酒體驗館

市立美術館

阿姆斯特丹國家音樂廳

梵谷森林之庫勒慕勒美術館
Kröller-Müller Museum

http www.kmm.nl，班車時刻表：www.9292.nl / $ 拜訪美術館需要事先預購兩張門票，皆為網路購票：美術館門票和森林公園門票(www.hogeveluwe.nl/en)，因為美術館位於費呂沃(Veluwe)國家森林公園內，所以需要兩張門票。美術館12.50歐元，森林公園12.30歐元 / ➡ 可梵谷森林(The Hoge Veluwe National Park)有3個出入口，主要是西邊的Otterlo和東邊的Hoenderloo / ■ 由Otterlo西入：從阿姆斯特丹中央火車站搭乘火車到Ede-Wageningen站，然後轉搭開往Apeldoorn的巴士108號至Otterlo Rotonde入口。下車後步行或入園使用白色腳踏車至美術館，也可轉搭巴士106號(會配合巴士108號抵達時間)至公園內的遊客中心和美術館 / ■ 由Hoenderloo東入：從阿姆斯特丹中央火車站搭乘火車到Apeldoorn，然後轉搭開往Ede-Wageningen的巴士108號至Hoenderloo入口。下車後步行或入園使用白色腳踏車至美術館，也可轉搭巴士106號(會配合巴士108號抵達時間)至公園內的遊客中心和美術館

　　起源於愛好狩獵與藝術的富商庫勒慕勒夫婦，(Anton and Helene Kröller-Müller)。1909年，倆人收購了占地達五千多公頃的費呂沃森林(De Hoge Veluwe，也是荷蘭最大的國家森林公園)，作為度假打獵、擺放展品的區域。莊園在二戰前遭遇經營問題，幾經波折後在1935年由成立基金會的方式，在政府協助下度過財務危機，而藝術收藏品則捐贈給國家。館內收藏了知名的星空下的咖啡座，以及不同時期的畫作，值得走訪。此外，森林內的獵屋也是必訪之地。園內設有免費的白色公用腳踏車，欣賞完畫作，可利用腳踏車，暢遊這座美麗的森林公園。

林布蘭之家
Museum Het Rembrandthuis

http www.rembrandthuis.nl / ✉ Jodenbreestraat 4, 1011NK, Amsterdam / ⏰ 10:00～18:00 / $ 全票17.50歐元(接受網路訂票) / ➡ 從中央火車站前搭乘電車14號，在Waterlooplein站下車；或搭乘地鐵51、54線，在Nieuwmarkt站下車，下車即見

　　林布蘭是荷蘭家喻戶曉的大畫家，他擅長運用光影表達藝術之美。林布蘭之家，為其居住19年的故宅。這幢建於17世紀的老建築，完整保留當時房間、畫室等，還可見到油畫、雕刻版畫、素描等畫作。

國家博物館
Rijksmuseum

http www.rijksmuseum.nl / ✉ Stadhouderskade 42, 1070DN, Amsterdam / ⏰ 每日09:00～17:00 / $ 全票22.50歐元(接受網路訂票) / ➡ 從中央火車站前搭乘電車2、12號，在Rijksmuseum站下車，下車即見

　　荷蘭最重要的博物館，收藏荷蘭繪畫大師巔峰時期傑作而著稱，包括光影大師林布蘭(Rembrandt)、最穩健溫和的維梅爾(Jan Vermeer)等人作品。另也有來自世界的藝術精品。

Moco博物館
Moco Museum

http www.mocomuseum.nl / ✉ Honthorststraat 20, 1071 DE Amsterdam / 🕐 週日～四09:00～19:00，週五及週六09:00～20:00 / 💲21.95歐元(依時段而不同) / ➡ 從中央火車站搭乘電車2、12號，在Rijksmuseum站下車即達

「Moco」取自Modern及Contemporary兩字的英文字首。自2016年開幕，雖是一棟古老的建築，館內卻藏有以挑戰非主流的現代藝術，以及批判意味十足為主的爭議性作品，像是街頭藝術家Banksy充滿顛覆性的黑色幽默，或是超現實主義的達利(Dali)，帶觀眾進入虛幻夢境的藝術創作，吸引年輕觀光客的造訪。

林布蘭廣場
Rembrandtplein

➡ 從中央火車站前搭乘電車4、14號，在Rembrandtplein下車即抵達

林布蘭廣場四周的酒吧、餐廳、露天咖啡座，讓這裡夜夜笙歌、充滿活力。

圖片提供 / www.vanleddenhulsebosch.nl

安妮法蘭克之家
Anne Frank Huis

http www.annefrank.org/en/Museum / ✉ Prinsengracht 267, 1000AS, Amsterdam / 🕐 每日09:00～22:00 / 💲全票16歐元，含導覽(英文)則為15歐元，請上官網(選擇英文版本)，點選購票(Buy Ticket)，接著從行事曆上選擇拜訪日期和時間。切記：安妮法蘭克之家僅限網路購票，又銷售速度非常之快，請盡早上網訂購 / ➡ 從中央火車站前搭乘電車3、17號，在Westermarkt站下車，沿右手邊Prinsen-gracht運河步行約5分鐘可抵達

安妮法蘭克(1929～1945)，二次大戰時為躲避德軍迫害，和家人一起躲進這棟屋子(Secret Annex)。為了不被發現，此屋幾乎是封住的，她終日過著陰暗潮濕的生活，也寫下了令人動容的安妮日記。

辛格運河花市
Singel Bloemenmarkt

✉ 介於Koningsplein和Vijzelstraat之間 / ➡ 從中央火車站前搭乘電車24號，在Muntplein站下車；或從中央火車站前搭乘電車2、12號，在Koningsplein站下車，下車即見

位於辛格運河旁，不分季節，一年到頭，天天綻放美麗花朵。尤其是鬱金香花束，繽紛如彩色拼圖，行人很難不被吸引流連。除了花卉，還販售不同花種的球莖或種子、花器、花材。

杜莎夫人蠟像館
Madame Tussauds Museum

http www.madametussauds.nl / ✉ Dam Square 20, 1012NP, Amsterdam / ◷ 10:00～18:00 / $ 成人票24.50歐元，網路訂票23歐元 / ➡ 1.從中央火車站前搭乘電車4、24號，在De Dam水壩廣場站下車。2.從中央火車站正門出來，順著前方道路直走約15分鐘即可抵達

　　知名的杜莎夫人蠟像館就位於水壩廣場（De Dam）旁，館內的蠟像惟妙惟肖，讓觀光客和名人蠟像能近距離接觸。阿姆斯特丹分館裡還多了荷蘭皇室家族成員蠟像。

雅典娜書店
Athenaeum Boekhandel

✉ Athenaeum Boekhandel：Spui 14-16、American Book Center：Spui 12 / ➡ 搭乘電車2、12號，在Spui站下車

　　阿姆斯特丹最大的獨立書店之一，創立於1966年，由熱愛閱讀的Johan Polak所設立。從各語系的古典語言學、歷史學到現代時尚流行雜誌都有。隔壁的American Book Center則獲選全世界最美麗的書店，書店對面的廣場不定時會有二手書攤市集。

 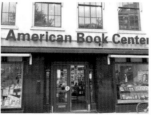

　　受到疫情影響，大部分的博物館及美術館均推行線上購票。其實，線上購票有不少優點：

■ 用排隊，節省時間
■ 可預先列印或現場掃OR Code 即可入館
■ 票價通常比現場購票便宜
■ 部分博物館僅接受網路訂票，如：安妮法蘭克之家
■ 有利於行程規畫安排

水壩廣場
De Dam

➡ 同「杜莎夫人蠟像館」

　　最熱鬧、最具人氣的廣場，包括旁邊的王宮和對面的戰士紀念碑。重大慶典儀式、遊行、女王節、摩天輪遊樂園週，都在此廣場與對面的戰士紀念碑舉行。

萊茲廣場
Leidseplein

➡ 從中央火車站前搭乘電車2、12號，或夜間巴士N84、N83、N97號在Leidseplein站下車即抵達

　　兼具文藝氣息和聲光娛樂場所的地區，周邊的購物街和露天咖啡座，經常高朋滿座。

阿姆斯特丹博物館
Amsterdam Museum

http www.amsterdammuseum.nl / ✉ Kalverstraat 92, Amsterdam / 🕐 每日10:00～17:00，耶誕節及新年12:00～17:00 / 💲18歐元，0～17歲免費入館 / ➡ 從中央火車站搭乘電車2、12號在Spui站下車

　　擠身在購物街Kalverstraat，小小的博物館，卻能見證荷蘭與阿姆斯特丹的歷史興衰與演進。當中還包括有城市數百年前的歷史圖畫和照片、運河的修建、自由精

神以及軟性毒品的開放到後來的合法化等，是個相當有趣，值得拜訪的博物館。

推薦順遊 Begijnhof

　　離開博物館前也別急著走，一旁的Begijnhof是一個成立於13世紀的婦女宗教組織，當時受到戰亂及黑死病波及，許多女性為了生存而聚集結合成一個自給自足的團體。她們信奉天主教，平日除了侍奉上帝外，還做勞動工作，但並未像修女一般立誓，因此可以保有自己的財產。原建築於1421與1452年慘遭祝融肆虐，今日所見則是在17～18世紀重建。

市立美術館
Stedelijkmuseum

http www.stedelijk.nl/en / ✉ Museumplein 10, Amsterdam / 🕐 10:00～18:00(週五至22:00) / 💲22.50歐元 / ➡ 從中央火車站前搭乘電車2、12號，或從萊茲廣場搭乘電車2、5、12號，在Museumplein站下車

　　歷經因設計老舊閉館整修，又以博物館入城(Stedelijk in de Stad)之名在阿姆斯特丹各地巡迴展覽。最終由荷蘭首席建築師麥爾斯·克魯威爾(Mels Crouwel)所設計擴建的新建築，以像極潔白超大浴缸的外表，倍受矚目，並再次重現其豐富的當代藝術收藏。

隱士博物館
Hermitage Amsterdam

http hermitage.nl/en / ✉ Amstel 51, Amsterdam / 🕐 10:00～17:00 / 💲訪全館總票價32.50歐元(若擇其中一館參觀依該館票價收費，請參考官網)，持I amsterdam City Card免費 / ➡ 從中央火車站前搭乘電車14號，或搭乘地鐵51、53、54線在Waterlooplein站下車

　　俄羅斯聖彼得堡隱士博物館分館，除了有東正教展覽之外，另外則是比較現代的荷蘭展覽。此外，還可順道拜訪附近的藍橋(blauwbrug)和瘦橋(magereburg)。

Nemo科學館
Nemo Science Museum

http www.nemosciencemuseum.nl / ✉Oosterdok 2, Amsterdam / 🕙10:00～17:30 / 💲4歲以上17.50歐元，0～3歲免費入館 / ➡從中央火車站步行前往約21分鐘；或搭乘巴士22號在Kadijksplein站下車

科學館總共有5層樓，展示空間按照年齡區分設有上百組互動裝置，重點在其趣味性與科學性，也能觀察到荷蘭著重理論的教育方式。感覺上好像是給小小孩和青少年玩的，但其實大人也玩得不亦樂乎！非常適合親子一同參與。

NEMO的建築師和巴黎龐畢度藝術中心一樣是Renzo Piano。銅綠色的流線設計，像是一頂海軍帽。最上層的斜屋頂還有12座噴泉，利用鄰近的太陽能島和風能島產生的能量噴水，同時可欣賞到視野美麗遼闊的城市景觀。

海事博物館
Het Scheepvaartmuseum

http www.hetscheepvaartmuseum.nl/chinese / ✉Kattenburgerplein 1, Amsterdam / 🕙每日10:00～17:00（國王節、耶誕節及新年休館）/ 💲成人17.50歐元，4～17歲8.50歐元 / ➡從中央火車站步行前往大約22分鐘；或搭乘巴士22號在Kadijksplein站下車

世界上收藏17世紀航海藝術與文物珍品數量極多的博物館之一。進入館內，隨即映入眼簾的是那圓形的玻璃帷幕，如同地球的兩極和經緯度，

氣派非凡。博物館前身是建於1656年的海軍倉庫，珍藏著荷蘭阿姆斯特丹航運史上幾乎所有的重要物品。此外，一定要參觀「鎮館之寶」仿古帆船阿姆斯特丹號。

船博物館
Museum Het Schip

http www.hetschip.nl/en / ✉Oostzaanstraat 45, Amsterdam / 🕙週二～日11:00～17:00 / 💲15歐元 / ➡從中央火車站搭乘巴22號往spaarndammerbuurt的方向，在Nova Zemblastraat站下車，然後步行至Museum Het Schip，約350公尺 / ℹ館內導覽提供時間為週二至週日11:00～17:00，每小時一次，最後一次是16:00。下午3點的導覽是唯一以英文解說的導覽。導覽費用已包含在票價中。隔壁的Dageraad門票15歐元，開放時間為週四～日13:00～17:00

大變與城鄉移民衝擊，各都市住宅嚴重不足，荷蘭1901年通過住宅法案，成為世界上最早發展社會住宅的國家之一。1914年，阿姆斯特丹政府成立市立住宅局，推動社會住宅的興建與經營，也因此造就出一批被稱為「阿姆斯特丹派」（Amsterdamse School）的荷蘭建築師，打造出傳統磚造工藝和流動形式的建築。Michel de Klerk所設計的「船」（Het Schip）最具代表性。其如船的外觀，意味著這座建築像船一樣，提供人們完整的生活機能。如今，這棟建築仍為社會住宅，當中的Dageraad住宅則作為博物館。

玩樂篇

路上觀察 森林公園 Amsterdamse Bos

阿姆斯特丹的大型公園，除了著名的林布蘭公園(Rembrandtpark)、風斗公園(Vondelpark)、碧翠絲公園(Beatrixpark)、東方公園(Oosterpark)、芙雷佛公園(Flevopark)之外，也很推薦市區外的阿姆斯特丹森林公園(Amsterdamse Bos)，很適合來此野餐放鬆。

➡ 從中央火車站前搭乘地鐵51線，在De Boelelaan/VU站下車，接著換搭巴士348或358號，在Amsterdam Van Nijenrodeweg站下車，後步行即達

藝文活動場地

很少有旅客會專門到荷蘭看舞台劇，但如果你熱愛演唱會或表演藝術，不妨考慮以下幾個阿姆斯特丹主要的音樂表演場地。

Ziggo Dome演唱會館

http 節目表：www.afaslive.nl；售票中心：www.ticket master.nl；www.ziggodome.nl/en / ✉ De Passage 100, Amsterdam / 🕐 依演唱會時間而定 / ➡ 搭乘火車或搭乘地鐵54號，在 Amsterdam Bijmer Arena站下車

阿姆斯特丹最具知名度的演唱會地點。全球知名的歌手、音樂劇幾乎都在這裡舉行。音樂廳本身不售票，必須透過Tickets Service、CTS Eventim、Ticketbox、Top Ticket Line等售票中心購票。

市立劇院
Stadsschouwburg

http www.stadsschouw-burgamsterdam.nl / ✉ Leidse-plein 26, Amsterdam / 🕐 依表演場次而定 / ➡ 從中央火車站搭乘電車2、12號，在Leidseplein站下車

位於萊茲廣場，以舞台劇、歌舞劇等為主要演出項目。這裡剛好是電車各主要路線的交會點，加上周邊餐廳、咖啡店、商店、電影院、夜店林立，是阿姆斯特丹人氣聚集點之一。

愛河音樂廳及Bimhuis
Muziekgebouw aan 't IJ、Bimhuis

http www.muziekgebouw.nl / ✉ Piet Heinkade 1, Am-sterdam / 🕐 依表演場次而定 / ➡ 從中央火車站搭乘電車26號，在Muziekgebouw Bimhuis站下車

位在中央火車站後方，有許多來自世界各地知名藝術家的展覽，更是荷蘭國內外許多大型郵輪、古船的集結處。前往1、2樓的咖啡館喝咖啡或用餐，還能透過落地的巨型玻璃窗欣賞到美麗的河岸風光。比鄰的Bimhuis則是阿姆斯特丹最著名的爵士樂表演場地廳。

國家歌劇院
Nationale Opera & Ballet

http www.het-muziektheater.nl/en / ✉ Amstel 3, Amsterdam / ◷ 依表演場次而定 ➡ 從中央火車站搭乘電車14號，或搭乘地鐵51、53、54線，在Waterlooplein站下車

位於市政廳，有芭蕾舞、歌劇、交響樂團等藝術文化表演。

凱利劇院
Theater Carré

http www.theatercarre.nl / ✉ Amstel 115-125, Amsterdam / ◷ 依表演場次而定 / ➡ 從中央火車站搭乘地鐵51、53、54線，在Weesperplein站下車

阿姆斯特丹相當知名的劇院，各式各樣的表演雲集。

阿姆斯特丹國家音樂廳
Concertgebouw

http www.concertgebouw.nl / ✉ Concertgebouwplein 10, Amsterdam / ◷ 依表演場次而定 / ➡ 從中央火車站搭乘電車12號，或從萊茲廣場搭乘電車5、12號，在Museumplein站下車

位於博物館廣場對面，是古典音樂迷的首選。

教堂

新舊教堂、西教堂、南教堂到北教堂，相約守護著水都的風姿綽約。新教堂和南教堂，均已不再舉行禮拜，成為藝文展覽或皇室集會的場地。臨王子運河，安妮法蘭克之家旁的西

▲ 西教堂

教堂是約旦區的地標，登上塔頂可俯瞰整個阿姆斯特丹市景。北教堂則成了北市集的開端。

➡ 從中央火車站搭乘電車13或17號，在Westerkerk站下車

行家祕技 阿姆斯特丹Skyline

如果你想捕捉阿姆斯特丹天際線城市美景，有4個地方絕對讓你的記憶卡吃到飽！
■阿姆斯特丹市立圖書館(位於中央火車站旁)
■Hilton Double Tree Sky Lounge(位於中央火車站旁)
■W Hotel Sky Lounge(位於水壩廣場Dam後方)
■Overhoeks Tower，位於中央火車站後方愛河(Ij)，塔頂上還有一座盪鞦韆考驗你的膽量(位於眼電影博物館旁)

▲ 從Double Tree Sky Lounge眺望市區夜景

阿姆斯特丹北區

位於愛河(Ij)對岸的北區於1393年納入阿姆斯特丹。早年為重工業用地，在市政府的規畫變更之後，如今是個單純的住宅區，而廢棄的工廠受到青少年和藝術家的青睞，開啟了該區活力又充滿創意的城市風格。儘管和市中心比起來少了一些古色古香的建築，然而這裡依舊有不少景點值得一訪。

眼電影博物館
Eye Filmmuseum

http www.eyefilm.nl/en / ✉ Jpromenade 1, Amsterdam / ⏰ 10:00～19:00 / 💲11歐元 / ➡ 於中央火車站後方搭乘免費渡船即可抵達

前身為「Dutch Filmmuseum」，2012年開幕，擁有豐富的電影資源，從歷年海報、電影拍攝與播放器材，到大量的館藏影片，足以打造出包含展覽空間、電影院、景觀餐廳與整層樓的常設展。該建築充滿未來感和眼睛造型的設計，更成為阿姆斯特丹北區的地標。又剛好因為位在Ij(發音為愛)河上，與英文eye(眼睛)發音相同，即取其諧音，順勢呼應了觀賞電影的感官動作。

推薦順遊 Pekmarkt

鄰近眼電影館有個露天市場Pekmarkt，每週三、五、六開放，時間為09:00～17:00。

廢棄造船廠
NDSM Werf

http www.ndsm.nl/en / ✉ Tt. Neveritaweg 61, Amsterdam / ⏰ 週一～五09:00～17:00 / ➡ 從中央火車站後方出口，搭乘渡輪906號(每15分鐘一班)，在NDSM站下船；接著沿Ms. van Riemsdijkweg路走，於Tt. Neveritaweg路右轉即可抵達

前身是座造船廠，歷經翻新後，一部分作為青少年休閒娛樂和塗鴉場地，另一部分則轉型為餐廳、咖啡店；還有不少藝術家工作室或畫廊進駐。其他像是假日活動、跳蚤市場、音樂會等也選在這裡舉辦。而全世界最大的街頭藝術博物館，也將在2018年的夏天開幕，成為一個多功能、綜合性的公共空間。這種老舊工地的回收再利用，不僅改善了城市環境和市民生活，亦增強城市經濟活力，更加具備社會和文化包容性。

行家祕技 推薦散步路線＆免費行程

在天氣晴朗時，可從中央火車站搭乘電車26號到kattenburgerstraat站下車。過馬路後，穿過Jan Schaeferbrug橋抵達JakartaHotel，沿著河岸及屋脊散步，同時還可遠眺欣賞阿姆斯特丹北部風景。此外，阿姆斯特丹也有不少免費的城市散步行程，由當地的專業導遊帶你遊覽市區熱門景點、分享有趣的歷史，任何人都可以參加。每日有3個時段。

http www.freedamtours.com及www.freetour.com

文創園區
Westergasfabriek Amsterdam

http www.westergasfabriek.nl / ✉ Westergasfabriek BV Pazzanistraat 33 1014 DB Amsterdam / ➡ 從中央火車站搭乘巴士21號，或從萊茲廣場搭乘電車5號，在Van Hallstraat站下車

　　緊鄰阿姆斯特丹西公園（Westerpark），原本是19世紀建造的煤氣供應廠，於2003年重新規畫成文創園區。目前有電視台、廣告公司、餐廳及個人工作室進駐；假日則有露天市集（Sunday Market），為新銳設計師、藝術和創意工作者展現推廣作品的平台。園區內也有餐廳和酒吧，吸引不少年輕人晚上來此小酌聚餐。

行家祕技 順遊荷蘭Muiderslot城堡

　　距離阿姆斯特丹不遠即有一座Muiderslot城堡，宛若中世紀的景色，很值得一遊。

http www.muiderslot.nl/Kasteel
➡ 從中央火車站搭乘火車至Weesp站下車，接著轉乘巴士110號，在Brandweerkazerne Muiden站下車，下車後步行10分鐘即抵達

阿姆斯特丹鬱金香博物館
Amsterdam Tulip Museum

http www.amsterdamtulipmuseum.com / ✉ Prinsengracht 116, Amsterdam / 🕐 每日10:00～18:00 / ➡ 從中央火車站搭乘電車13或17號，在Westerkerk站下車即抵達(差不多在安妮法蘭克之家前方運河的對岸)

海尼根啤酒體驗館 Heineken Experience

http www.heineken.com / ✉ Stadhouderskade 78, Amsterdam / 🕐 10:30～19:30(週四至21:00) / 💲 25歐元 / ➡ 從中央火車站搭乘地鐵52號，在Vijzelgracht站下車

杜辛斯奇電影館 Pathé Tuschinski

http www.pathe.nl / ✉ Reguliersbreestraat 26-34, Amsterdam / ➡ 從中央火車站搭乘電車14號，在Rembrandtplein站下車

熱帶博物館 Tropenmuseum

http www.trooenmuseum.nl / ✉ Linnaeusstraat 22, Amsterdam / 🕐 週二～日10:00～17:00 / 💲 16歐元，孩童(4～18歲)8歐元 / ➡ 從中央火車站搭乘電車14號，在Alexanderplein站下車

葡萄牙猶太教堂 Portugeese Synagoge

http www.jck.nl / ✉ Mr.visserplein 13, Amsterdam / ➡ 從中央火車站搭乘電車14號，或搭乘地鐵51、53、54線，在Waterlooplein站下車

聖尼古拉斯教堂 Basilica of St.Nicholas

http www.nicolaas-parochie.nl / ✉ Prins Hendrikkade 73, Amsterdam / ➡ 出了中央火車站往左前方步行即抵達

范隆博物館 Museum Van Loon

http www.museumvanloon.nl / ✉ Keizersgracht 672, Amsterdam / 🕐 每日10:00～17:00 / 💲 13.50歐元 / ➡ 從中央火車站搭乘電車24號，在Keizersgracht站下車

亞堤斯動物園&阿姆斯特丹植物園
Artis Royal Zoo Natura Artis Magistra Hortus Botanicus

http www.artis.nl / ✉ Plantage Kerklaan 38-40 / 🕐 動物園09:00～18:00(12～2月至17:00)；植物園10:00～17:00 / 💲 動物園13歲以上25歐元，3～12歲17.50歐元；植物園12.50歐元 / ➡ 從中央火車站搭乘電車14號，在Artis站下車。前往植物園，在Mr. Visserplein站下車。距離其最近的地鐵站(51、53、54線)為Waterlooplein站

阿姆斯特丹近郊小鎮

玩樂篇

佛倫丹‧馬肯‧蒙尼克丹
Volendam‧Marken‧Monnickendam

➡ **1.** 請至阿姆斯特丹中央火車站後方,搭乘手扶梯到上層的巴士站搭乘:巴士316號(前往佛倫丹),巴士315號(前往馬肯或蒙尼克丹),車程約40分鐘 / **2.** 4~9月期間,渡船MARKEN EXPRESS航行於佛倫丹←→馬肯之間

佛倫丹、馬肯、蒙尼克丹,都是阿姆斯特丹境外的傳統漁村,在Afsluitdjik(北海堤防)修築後逐漸沒落。這些村子至今保留純樸風貌,部分居民仍著古早味服飾及木鞋,並轉向觀光業發展。3個小鎮間,靠著來往船隻聯絡,也成為旅客通往各村落的交通選擇之一。漁人碼頭風情與小吃攤,更是旅客們的最愛。

▲ 佛倫丹是荷蘭著名的傳統小鎮

羊角村
Giethoorn

🌐 羊角村1日券官網:www.discoverholland.com/daytrip/24/giethoorn-by-boat,2020年票價為29歐元

➡ **1. 搭火車:**從阿姆斯特丹中央火車站搭乘每整點37分開往Lelystad(雷利城)的火車。火車會先抵達奧米爾(Almere Centrum)。你必須在此站下車換搭前往Leeuwarden(雷瓦頓)的火車。火車

會抵達斯沃勒(Zwolle)後會停留10分鐘,再繼續開往雷瓦頓的方向。要前往羊角村的你務必在史丹維克(Steenwijk)站下車。也就是斯沃勒之後的下兩站。 / 下車後到車站左邊的巴士站搭乘往Zwartsluis方向的70/270號巴士,在Dominee Hylkemaweg站下車,車程約16分鐘,你可以請司機提醒你下車。請注意:巴士僅每小時一班,末班車約傍晚18:00。下車後走到對面,沿著餐廳前的小路直走下去。左邊就開始是小渠道,右邊就是商家及住宅。順著路走,就會看到指示標誌。另外,巴士下車後記得先看一下對面回程站牌的班次表。

2. 搭計程車:史丹維克(Steenwijk)車站前方的小亭子內有電話,一按鈕就可與服務人員通話,告知你需要計程車(treintaxi)即可。但車資不便宜,單趟約15歐元。

3. 租腳踏車:史丹維客(Steenwijk)火車站左方有租腳踏車的服務處。一天費用為7.50歐元,押金50歐元。從車站到羊角村約10公里。請記得腳踏車服務處店家Rijwielshop Steenwijk的營業時間。

從台灣紅回荷蘭的羊角村(Giethoorn),素來有「綠色威尼斯」或「荷蘭威尼斯」之稱。過去居民因挖掘泥煤塊外賣賺錢而不斷開鑿土地,形成一道道狹窄的溝渠。之後又利用船隻運送物資,將溝渠拓寬,而形成今日運河湖泊交織的美景。運河兩旁房子的屋頂都是由蘆葦編成的。你可以在這兒乘坐平底船或租腳踏車享受這個小鎮的寧靜與美景,若想在這裡過夜,也是種難能的體驗!

▲ 有荷蘭威尼斯之稱的羊角村

奧克馬‧艾登
Alkmaar‧Edam

`http` 奧克馬：www.vvvalkmaar.nl、艾登：www.vvv-edam.nl / ➡ 1.從阿姆斯特丹搭乘火車，到Alkmaar站下車即達；2.從阿姆斯特丹中央火車站前搭乘巴士316號，在Edam站下車

　　想一睹荷蘭起士交易市場的熱絡景況，不可不來奧克馬（Alkmaar）、艾登（Edam）。奧克馬起士市場，於每週五10:00～12:00在廣場前舉辦露天起士交易。艾登的起士交易市場則於每年7～8月的週三舉行，可預先上網查詢每年的交易日期和舉辦時間。

豪達
Gouda

`http` www.vvvgouda.nl / ➡ 從阿姆斯特丹搭乘火車至Gouda站下車

　　豪達（Gouda）起士交易市場則在每年4～8月底的每週四10:00～12:30，於市中心廣場上的市政廳（Stadhuis）前舉行。

▲ 起士交易市場

贊瑟航斯
Zaanse Schans

`http` www.dezaanseschans.nl / ➡ 從阿姆斯特丹中央火車站，搭火車到Zaandijk，於Zaanse Schans站下車，然後沿車站前的指標步行前往，約10分鐘即達 / `i` 火車站前設有一個高大的地圖機，可免費索取

　　荷蘭的風車印象深刻全球，即使科技發達的今天，荷蘭各角落仍可見風車轉動身影。距離阿姆斯特丹約15公里的贊瑟航斯（Zaanse Schans），習稱「贊斯堡」，風車數量曾多達1,000多座，為當地帶來繁榮經濟。如今，此地改建為傳統風車博物館村。除了風車，還能看到其他原汁原味荷蘭印象：起士工廠、木鞋紀念品店，還有牛羊成群的田園風情，是旅客喜愛的景點之一！

行家祕技　專賣店可買旅遊套裝商品

　　阿姆斯特丹市區內開設了「Tours and Tickets」旅遊服務專賣店。提供各種旅遊套裝行程(包括庫肯霍夫鬱金香花園、羊角村、佛倫丹等小鎮)、觀光巴士、市區觀光巴士、運河遊船、觀光票券等近百種旅遊商品。

`http` www.tours-tickets.com (請選擇中文版)
`☎` 31-20-4204000
`🕐` 每日08:30～22:00

玩樂篇

海牙 Den Haag

散發悠閒的氣息的荷蘭政治中樞，美麗海灘讓人感覺來到了加州的Santa Monica。

從中央車站走出來往海牙市區的街道上，高樓大廈櫛比鱗次，尤其很容易被三明治屋頂的大樓給吸引目光，但感覺並不像鹿特丹那樣充斥著新潮建築。即使身為政治之都，既沒有莊嚴的政治感，反而頗有皇家之都的優雅。

和平宮
Vredespaleis / Peace Palace

http www.vredespaleis.nl / ✉ Carnegieplein 2, 2517KJ, Den Haag / 🕐 週三～日12:00～16:00 / 💲 申請語音導覽15歐元 / ➡ 從海牙火車站搭乘電車28號(Scheveningen - Voorburg)，在Vredespaleis站下車

以花崗岩、沙岩、紅磚構成的建築。房頂是灰色石板，融合古羅馬和拜占庭建築風格。建於1907～1913年，為美國鋼鐵大王安德·卡內基(Andrew Carnegie)捐建。陳設各種藝術品，包括來自中國明代的景泰藍瓷器。

國會騎士樓
Binnenhof

✉ Hofweg 1, 2511AA, Den Haag / ➡ 從中央火車站前搭乘電車2、6號(往Duindorp方向)，在Spui站下車，步行約4分鐘可抵達

位於政治之都海牙，是荷蘭國會所在地，其他許多政府機構、大使館、國際法庭等組織也位在這兒。每年9月下旬，荷蘭王室會宣布國會開議，並乘坐金色馬車遊行市區。

席凡寧恩海灘
Scheveningen

➡ 從海牙中央火車站前搭乘電車11號，或巴士22、23號（往Kraayenstein方向），在終點站Strandweg下車

荷蘭最受歡迎的度假勝地。地標為宮殿式大飯店庫哈斯（Kurhaus），自古便是上流社會社交場所。四周有娛樂場、劇院、名牌商品購物街等。荷蘭人和歐洲遊客最喜歡來這裡游泳戲水，享受日光浴。

▲ 庫哈斯大飯店

莫里茨皇家美術館
Mauritshuis

http www.mauritshuis.nl (Language→遊客信息中心) / ✉ Plein 29, Den Haag / 🕐 週一13:00～18:00，週二～日10:00～18:00 / 💲 全票16歐元 / ➡ 從海牙中央火車站前搭乘電車6號（往Leyenburg方向），在Spui站下車，步行約5分鐘可抵達（位於國會騎士樓的後方）

莫里茨皇家美術館前身是莫里茨王子的離宮，1821年經改造成為皇家美術館。美術館藍頂白牆

內收藏了許多15～18世紀弗蘭德派和荷蘭派的畫作，很多的作品來自於前荷蘭王子威廉五世的收藏。《戴珍珠耳環的少女》（Meisje met de parel）、林布蘭的《杜普博士的解剖學課》（De anatomische les van Dr. Nicolaes Tulp）無疑是這裡最吸引人的畫作。附圖這幅畫由荷蘭畫家維米爾於1665年創作。

馬德羅丹小人國
Madurodam

http www.madurodam.nl / ✉ George Maduroplein 1, 2584 RZ, Den Haag / 🕐 週一11:00～17:00，週二～日10:00～18:00 / 💲 17歐元起 / ➡ 從海牙中央火車站搭乘電車9號（往Scheveningen Noord方向），在Madurodam站下車即見

這裡將整個荷蘭濃縮成一個美麗花園，所有的模型均以25:1的比例，模仿實體而建造。所有複製品都是動態的，近年來更陸續加入新的模型如史基浦機場，有移動的飛機、送餐服務、購物商場、人行電動走道等。

兩天一夜行程推薦──
鹿特丹 Rotterdam

鹿特丹是荷蘭第二大城市，擁有歐洲最大的港口，更是現代建築愛好者的朝聖之地。

玩樂篇

次大戰時，鹿特丹幾乎被德軍炸毀。近年隨都市重建計畫和整頓，改頭換面，充滿許多特色建築、博物館、裝置藝術和許多極具設計感的建築物。整座城市就是一個超大美術館！

全球最美麗的麥當勞在這裡

就連麥當勞也被稱為世界上最美麗的分店之一。特地委託當地的Mei architects and planners設計團隊，將建築由內而外進行大改造，大膽採用玻璃元素，讓人有置身高檔餐廳的錯覺。

徒步感受城市風情

旅遊鹿特丹最佳方式為「徒步」，並且從鹿特丹布拉克火車站(Rotterdam Blaak)作為起點。火車站後方就是新地標──Markthall。也可從火車站對面的CitizenM旅館後方往天鵝橋方向步行。

貼心 小提醒

鹿特丹不可錯過的建築清單

Rotterdam Centraal Station / Montevideo / New Orleans / De Rotterdam / Markthal / Erasmas MC / Toren op Zuid / Hotel New York / Kbuswoning / Wereld-museum Rotterdam / Beurs World Trade Center / Oosterbaken / Sint Larentskerk / Schielandtoren / Wittehuis / Millenniumtoren / Coopvaert / Kunsthal / Waterstadtoren

方塊屋
Kijk-Kubus

✉ Overblaak 70, Rotterdam
➡ 搭乘火車至Rotterdam-Blaak站下車即抵達

方塊屋是由建築師Piet Blom所設計，於西元1984年完工。當地荷蘭人稱這些立體方塊屋為樹屋。當初建築的理念是模仿樹的結構，建築大師Blom把每棟房子當成一棵樹，整個社區群聚在一起就成為一片森林，總共有51座立體方塊屋建構成這片「森林」。

很難想像它原本居然是一般公寓住宅，近年來部分改為青年旅館，頗受旅客的好評和喜愛。

從方塊屋之後的步行路線

離開方塊屋之後，經過聖羅倫斯教堂*，步行至林邦街(Lijnbaan)。總長800公尺，是歐洲第一條徒步商店街。從林邦街向南，為低於平面的商店街Beurstraverse；再來向東走為車水馬龍的Coolsingle街及Hoogstraat街。

＊聖羅倫斯教堂於二次大戰轟炸中幸免於難，戰後幾經修復。如今是鹿特丹少數僅存的古老建築。

鹿特丹觀光景點相關位置

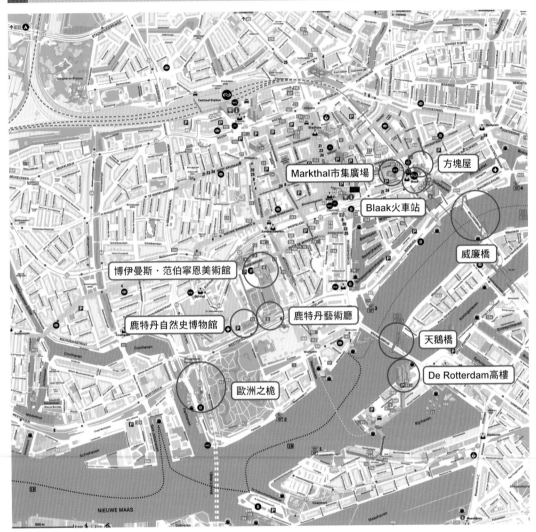

方塊屋

Markthal市集廣場

Blaak火車站

威廉橋

博伊曼斯·范伯寧恩美術館

鹿特丹自然史博物館

鹿特丹藝術廳

天鵝橋

De Rotterdam高樓

歐洲之桅

NIEUWE MAAS

豆知識

鹿特丹之名由來

　　鹿特丹Rotterdam的「Rotta」，意思為泥濘的水域，因為早期這裡還是個沼澤泥濘之地。直到12世紀初期，構築了一座水壩(dam)來防禦洪水侵襲後，Dam aan de Rotta，便是Rotterdam之名的由來。

▲ 鹿特丹河港區的景致頗有紐約哈德遜河畔的感覺

玩樂篇

Markthal市集廣場
Rotterdam Markthal

http markthalrotterdam.nl / ✉ Ds. Jan Scharpstraat 298, Rotterdam / ⏰ 週一～四10:00～20:00，週五至21:00，週末12:00～18:00) / 💲 毋須門票 / ➡ 搭乘火車至Rotterdam-Blaak站下車即抵達

　　2014年10月落成的「Markthal市集廣場」由荷蘭王后瑪西馬（Máxima）主持開幕剪綵，之後又受到英國最受歡迎的主廚傑米奧利佛（Jamie Oliver）推崇讚賞，並榮登鹿特丹建築新地標，瞬間受到矚目。這棟由荷蘭名聲響亮的建築團隊MVRDV操刀設計的拱形建築，被國際媒體選為2015年全球最佳旅遊景點，歐洲各國旅遊雜誌更譽為最佳美食廣場之一。

傳統市集的概念延伸

　　即便講求一次購足的大賣場和社區型生鮮超市早已取代了過去的傳統市場。值得欣慰的是，在我們的舒適圈內，傳統型市場依舊保留著，讓習慣上菜市場的媽媽們，踏循著舊軌道，享受現代生活中微薄的樂趣。傳統市場反映出當地日常生活的情景，也剪輯出過往時代的回憶。台灣的傳統市場多半位在室內，較不受風雨影響；而荷蘭的傳統市場則位在教堂前或是範圍寬廣的腹地，也不受風雨限制。

　　傳統的露天市場一向是荷蘭人平日生活據點之一。Markthal最初的建築概念先是將以往傳統的露天市場搬進室內，重新思考「市集」的定義，特別著重於「人與人之間的連結」。

這裡有全球最大的室內藝術創作

　　空間方面，在馬蹄形的室內天頂鋪上由當地藝術家Arno Coenen及Iris Roskam攜手創作的彩繪壁畫「Horn of Plenty」，在圓拱內裝設整面LED螢幕，與各種花卉及食材的圖樣輸出，模擬各種新鮮蔬果及穀物漂浮於外太空的超現實想像，同時和攤位上販售的生鮮魚肉，蔬果及餐廳所供應的美食相呼應，打造出饒富視覺、味覺及嗅覺的設計，形成世界上最大的室內藝術創作。走完此建築巨作，你能體會到Markthal傳遞了現代人喜歡老物、懷舊、復古中結合新調的新時代風格，還有鹿特丹打造城市地標的建築野心，為鹿特丹「國際建築之都」更添一美名。

　　室內的「Markthal市集廣場」及戶外的「傳統市集」以不同調性作出市場區隔性之外，也讓喜歡逛市集的當地居民及觀光客們，有了雙重選擇！

鉛筆屋 Het Potlood

　　由Piet Blom所設計。在Markthal對面、位於方塊屋旁，有另一棟引人矚目的「鉛筆屋（Het Potlood；英文Pencil Tower）」，這一棟六角形建築宛如一支直立的胖鉛筆，而被當地形容為一枝鉛筆，而Markthal就像是削鉛筆機，兩棟剛好形成一組文具組，堪稱絕配之作。位在鉛筆屋旁邊有座有好幾根黃色管子蜷曲在建築上的建築，很像巴黎龐畢度中心，則是鹿特丹市立圖書館。館內有趣的陳列和設計值得一訪。

<table>
<tr><td>行家
祕技</td><td></td></tr>
</table>

河港區推薦玩法

遊鹿特丹另一個重頭戲就是遊河港區，這裡推薦你3種方式選擇：

■**徒步繞行**：從天鵝橋開始，步行到大樓、紐約旅館(Wilhelmina-pier區) 和舊港(Kantendrecht區)。

■**搭遊港船**：可搭遊港船Spido，沿著馬斯河，暢遊整個鹿特丹三大港區，全行75分鐘。httpspido.nl/中文/ $成人16.75歐元、孩童(4～11歲)9.65歐元/ ➡搭乘電車7號到Willemskade站下車或搭乘地鐵D線至Leuvehaven站下車，沿大馬路往南行即抵/ i由於每一季的班次時間不同，請先上網查訊再購票。建議搭乘早班或末班次，剩餘時間就不會被切割，可拜訪鄰近景點或市區散步。Spido也結合各景點推出不同的套裝行程，也可以順便參考

■**搭水上巴士**：搭乘水上巴士waterbus到終站舊港Kantendrecht區，可先登Stoomschip船喝杯咖啡，遙望眼前的鹿特丹港景。接著，再沿著舊港區散步，然後抵達Wilhelminapier區。這裡是欣賞鹿特丹摩天建築的最佳地點之一。中途會經過紐約旅館(Hotel New York)、各種奇形怪狀的摩天大樓，如建築師Rem Koolhaas代表作之一De Rotterdam，由鹿特丹港務局、鹿特丹市政府、旅館及一般住宅(據說流行天后瑪丹娜買了最高樓)，再上天鵝橋，最後進入市區，拜訪港口博物館(Havenmuseum)及海事博物館(Maritiem Museum)，特別是停泊在該館東南側，19世紀的巴弗艦和其他軍事船艦。舊港口區目前正計畫重建，未來還會有更多的新式建築和摩天大樓加入這座城市。

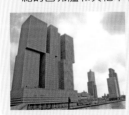

◀鹿特丹的新地標之一：
De Rotterdam

歐洲之桅
Euromast

http euromast.nl/en / ✉ Parkhaven 20, Rotterdam / ◷4～9月09:30～22:00，10～3月10:00～22:00/ $登塔票價10.25歐元 / ➡從中央火車站搭乘往Spangen方向的電車8號，在Euromast站下車/ i館內的Euroscoop部分目前因整修工程而暫時關閉，也或許可能因某部分原因整館暫不開放參觀。如欲前往，最好事先上網或撥電話詢問：010-436-4811，門票也因此暫時調整為8.50歐元

鹿特丹的歐洲之桅(Euromast)，初期為荷蘭國際園藝博覽會而建，總高184.6公尺，一度是全荷蘭最高的建築。為了使巨塔穩固，塔的底座搭建在巨大水泥塊上，重心埋在地底下。遊客可登上100公尺高的觀景台，360度飽覽鹿特丹的天際線全景。頂上有觀景餐廳旅館、旋轉電梯和競技活動。

貼心 小提醒

先到旅遊中心索取情報

建議大家可先前往位於市區的鹿特丹旅遊服務中心。有不少免費實用的地圖和資訊供參考索取。相關的問題也可以順道請教服務人員。鹿特丹火車站內離出口處亦設置了一個小型的旅遊服務處，如果你剛好下車，不妨順道索取所需的資料。

✉ Coolsingel 114　◷ 09:30～18:00

玩樂篇

鹿特丹博物館
Museums

博伊曼斯‧范伯寧恩美術館
Museum Boijmans Van Beuningen

http www.boijmans.nl/en / ✉ Museumpark 18, Rotterdam / 🕐 博物館目前因實施為期7年的整修而關閉，重新開幕時間尚未確認 / 💲 20歐元 / ➡ 從中央火車站搭乘往Marconiplein方向的電車4號，在Eendrachtsplein站下車，步行約5分鐘可抵達

鹿特丹藝術廳 Kunsthal

http www.kunsthal.nl/en / ✉ Westzeedijk 341, Rotterdam / 🕐 週二~日10:00~17:00，週一休館 / 💲 16.5歐元 / ➡ 從中央火車站搭乘往Spangen方向的電車8號，在Kievitslaan站下車

鹿特丹自然史博物館 Natuurhistorisch Museum

http www.hetnatuurhistorisch.nl / ✉ Westzeedijk 345, Rotterdam / 🕐 週二~日10:00~17:00，週一休館 / 💲 10歐元 / ➡ 從中央火車站搭乘往Marconiplein方向的電車4號，在Mathenesserlaan站下車，步行約7分鐘可抵達

　　至於博物館方面，博伊曼斯‧范伯寧恩美術館是鹿特丹所有博物館當中，每年參訪人數最多的博物館，館內收藏了從中世紀到當代的許多文物與藝術品，林布蘭、梵谷等藝術家的作品均收藏於此。在博伊曼斯‧范伯寧恩美術館周邊還有兩個鄰近的博物館，一個是鹿特丹藝術廳，另一個則是鹿特丹自然史博物館。

▲ 鹿特丹自然史博物館

行家祕技 **鹿特丹延伸旅遊**

■ **小孩堤防(Kinderdijk)**：著名的荷蘭風車村。

➡ 1.從鹿特丹中央火車站搭乘地鐵D號，在Wilhelminaplein站下車，步行至一旁的Erasmusburg天鵝橋，搭乘直達水上巴士202號(可使用OV-Chip卡)，在Molenkade站下車，5/1~10/31期間有行駛 / 2.從鹿特丹中央火車站搭乘地鐵D號，在Wilhelminaplein站下車，步行至一旁的Erasmusburg天鵝橋，搭乘水上巴士20號至Ridderkerk De Schans站，再轉乘Driehoeksveer接駁船，在Molenkade站下車，5/1~9/30期間有行駛 / 3.從鹿特丹中央火車站搭乘地鐵A、B、C線(往Eendrachtsplein方向)，在Kralingse Zoom站下車，再轉乘巴士489號，在Kinderdijk de Klok站下車

ℹ 前往小孩堤防的接駁船僅服務至17:00

http 騎腳踏車遊小孩風車：www.kinderdijk.com/plan/directions-address/by-bike

■ **多德雷赫特(Dordrecht)**：鄰近鹿特丹的小城市，素有荷蘭布魯日的美譽。

■ **史奇丹(Schiedam)**：世界著名的琴酒發源地。曾經擁有無數釀酒廠與風車，也是風車之城，有的已改建為餐廳。鎮內仍可見到雕飾精美的酒商豪宅、釀酒工人雕像，足以證明琴酒釀造對當時所帶來的影響。

■ **聖羅倫斯大教堂**：二次大戰被炸毀的鹿特丹，唯一倖免的是這間16世紀以石頭打造的聖羅倫斯教堂。於轟炸中遭嚴重損毀，經過多年修復，成為現代建築朝聖地中的唯一經典。

■ **書山圖書館(Book Mountain Library)**：位於鹿特丹近郊的斯派肯尼斯鎮(Spijkenisse)。玻璃帷幕的外觀，除能有效利用自然光，讀者也可輕易看到內部複合式的設計。為降低溫室氣體，館內無空調設備。夏季主要靠通風設計來保持館內涼爽；冬季則靠加熱地板和雙層玻璃來維持溫度，極具環保精神，也是由知名荷蘭建築師事務所MVRDV操刀，已獲得不少建築獎項。

➡ 從鹿特丹搭地鐵藍線到終站，步行約半小時即抵

兩天一夜行程推薦——
馬斯垂克 Maastricht

馬斯垂克是荷蘭南部最大、最古老的酒鄉之城，毗鄰比利時和德國。

馬斯垂克市區仍保有中世紀建築物和古牆，具歷史價值的建築物達1,400棟之多。距離阿姆斯特丹兩個半小時火車車程的馬斯垂克市，隸屬林堡省(Limburg)，剛好位於荷蘭最南端，毗鄰比利時和德國，融合浪漫的異國情調。

最不荷蘭味的歐洲古典城

過去因位於馬斯河的交通要衝而繁榮，而當今更因為在此地簽署了歐洲聯盟條約(統稱為馬斯垂克條約Treaty of Maastricht)，而聲名大噪，更促成了歐元的誕生。歸因於它的地理位置，旅人眼中的馬斯垂克擁著中古世紀的氛圍，以及宛如山城般的美景，稱得上是最「不」荷蘭味的城市。又或者說它就是有那種歐洲古典城市的味道。這也可從當地居民的穿著打扮、各種設計師品牌、沙龍，還有如同巴黎花街小巷的露天咖啡座、小店鋪，更集結了在地的白蘆筍(5～6月)、Rommedoe起司、新鮮鱒魚蘑菇美食與糕點烘焙(vlaai)，看得出馬斯垂克絕對囊括了歐洲精華。

▲ 馬斯垂克街景

馬斯垂克散步路線

從馬斯垂克火車站前行，直走到聖瑟法斯橋頭，這沿路石磚街道上躍眼而過的是一幢幢古典的建築，馬路中央的雕像，頹圮的城牆明顯感受到這裡果然大相逕庭，不像其他荷蘭城市那樣同一個調調。

馬斯垂克的交通方式

馬斯垂克市區主要的景點都相當集中，其實並不需要搭乘交通工具。只要從火車站出來，往前方直走，過了聖瑟法斯橋(Sint Servaasbrug)即進入市中心。

至此，約莫20分鐘的時間，便能輕易抵達各景點，輕鬆又不急步，還可以欣賞這座古老的城市。同時也能省下車錢。

▲ 馬斯垂克有著中世紀古城的氛圍

聖母大教堂
Onze Lieve Vrouwebasiliek

🌐 www.sterre-der-zee.nl / ✉ Onze Lieve Vrouweplein 7 / 🕐 週一13:00～16:00，週二～五11:00～16:00，週末11:00～17:00 / 💲免費

　　步行到聖瑟法斯橋端，眼前這座高聳的古塔，就是聖母大教堂。走入教堂內，並排的燭光，頓時讓朝聖者淚濕眼眶。世界各地聖母信徒慕名來到此地，目睹聖母肖像，以祈求平安，心靈撫慰。而教堂大部分的結構建於11和12世紀，其高大精美的拱形結構是典型羅馬式建築。教堂內藏有數件珍貴悠久的藝術品。

地獄之門
Helpoort

🌐 www.maastrichtvestingstad.nl (選擇 De Helpoort) / ✉ Sint Bernardusstraat 24b / 💲免費

　　城牆建立於1229年，之所以稱為地獄之門是因為當時黑死病潮，城門的對面正好是一家收留黑死病病人的醫院。當時染上該病的人多半無藥可救，出城門便一去無返。這座城門活生生地將生與死間隔開來，變成了地獄之門，最終成為荷蘭遺留下來當中最古老的碉堡式城門。

多明尼加教堂書店
Boekhandel Dominicanen

🌐 www.libris.nl/dominicanen / ✉ Dominicanerkerkstraat 1 / 🕐 週一10:00～18:00，週二～六09:00～18:00，週日12:00～18:00

　　「It was named the most beautiful bookstore in the world.」在世界十大最美麗的書店中，荷蘭就拿下兩席，其中之一就是這間位於馬斯垂克、13世紀所建的書店，這家書店曾因為財務問題而熄燈了好些時候，好在近來獲得了金援的支持，始而重獲天日。這麼美麗的書店，怎麼能就這麼關了呢？看書、買書的人越來越少了，未來書店的命運依舊多舛啊……

自由霍夫廣場
Vrijhof

　　廣場是數條購物街共同的終點，周邊盡是酒館和餐廳。中午過後，就能見到才剛睡醒的遊客滿座，直到夜晚。廣場和緊鄰的市政廳。不管是日常市場、夏日音樂會、耶誕市集等等戶外活動，成為市區內最人聲鼎沸的地方。廣場的兩邊分別有聖揚教堂與聖瑟法斯教堂兩座古教堂。

聖瑟法斯教堂
Sint Servaas-Basiliek

http www.sintservaas.nl / ✉ Keizer Karelplein 3 / 🕐 週一～六10:00～17:00，週日12:30～17:00

　　自由霍夫廣場右邊的聖瑟法斯教堂，是荷蘭最古老的教堂，始建於公元6世紀，荷蘭首位大主教聖瑟法斯，也是葬於此處。教堂經過數次重建和擴增以容納更多前來的朝聖者。目前建築最古老的部分可追溯至11世紀左右，同時混合了羅馬式和哥德式元素。令人印象深刻的是當中15世紀的迴廊。從迴廊可前往參觀教堂所保留的聖瑟法斯遺物。堂內的裝飾均描繪宗教典籍中的故事。

聖揚教堂
Sint-Janskerk

http www.stjanskerkmaastricht.nl / ✉ Vrijthof 24 / 🕐 週一～六 11:00～16:00 / 💲登教堂高塔2.5歐元

　　馬斯垂克市區內的幾間教堂，尤以聖揚教堂最引人注目。紅色的塔樓流傳是古時候用牛隻的鮮血塗漆而成，每年會再塗上牛血及石灰。像鉛筆一樣圓柱體尖形屋頂的這棟，是後來蓋的哥德中期主堂，教堂尖端是少見的紅色。

伯尼芳坦博物館
Bonnefantenmuseum

http www.bonnefanten.nl / ✉ Avenue Ceramique 250 / 🕐 週二～日11:00～17:00 / 💲17.50歐元

　　該建築有點像顆原子彈，收藏著重在當代藝術潮流作品，像是巴黎畫派和極簡抽象派藝術品。此外，還有大量歐洲各地的雕塑收藏。而該建築也被公認為馬斯垂克最優秀的建築之一。博物館的歷史可追溯至1884年，直到1995年才遷移至目前位置。

聖彼得洞窟&北洞窟
Fort Sint Pieters & North Caves

郊區順遊

http www.exploremaastricht.nl/en/tour/guided-tour-fort-st-pieter / $ 9.50歐元，可選擇參加碉堡(Fort)的行程、洞窟(Cave)的行程，或是購買套票。要進入參觀一定要跟導覽團，有分為英語導覽與荷語導覽，時間隨季節不同，一般為12:30和14:30兩個時段 / ➡ 從自由霍夫廣場(Vrijthof)搭乘巴士9號，在Waldeckpark站下車，下車後沿指標Grotten Noord 步行，約10分鐘即可抵達洞窟。請注意：巴士9號於週日休班，若從自由霍夫廣場步行至洞窟約莫半小時 / ℹ 還有一個前往洞窟的方式是搭乘遊船。乘船點就在聖瑟法斯橋下的售票處，可購買遊船＋洞窟的聯票，價格為20.50歐元。僅13:00一個班次，但時間隨季節而有所不同，某些月分僅限週六和週日，3～11月每天都有班次。時間表請先參考網址：www.stiphout.nl/en/boattrips/tour-on-the-maas-visit-caves

原本是為了開採石灰作為建築材料，才挖出了這個巨大的地底通道，據說裡頭有超過兩萬個通道，長達數十公里，在二戰期間，甚至有居民在裡頭居住。最令人驚歎的，莫過於這些留在牆上的壁畫。如果你計畫停留兩天一夜，不妨前往馬斯垂克旅遊中心報名或上網購票。

豆知識
誰才是荷蘭最古老的城市？

馬斯垂克和奈梅恆(Nijmegen)到底誰才是荷蘭最古老的城市，向來爭議諸多。奈梅恆是荷蘭以羅馬的城市命名規則下建立的第一個城市。馬斯垂克則是第一個以中世紀城市規則下所建立的城市，這個規則後來演變現今城市的命名規則。因此，大部分人認為馬斯垂克毫無疑問是荷蘭的第一個居民點。

行家祕技
建議從早上10點開始逛城

馬斯垂克總共有3座橋連接馬斯河和市區，主要的景點都相當集中，為整座古城注入了新的活力。除了聖彼得洞窟之外，旅遊整座城市並不困難，建議約莫從早上10點開始你的旅程。因為中午前這段時間，大部分的旅客都還在睡夢中，輕鬆漫步，最能感受到城市才剛甦醒的那種愜意。

行家祕技
馬斯垂克延伸旅遊

- **法肯堡(Valkenburg)**：地處荷、比、法3國交界的小鎮。
- **頌恩(Thorn)**：鄰近馬斯垂克的白色小鎮。初因於1794年該鎮遭法軍侵略，歷經重建之辛，為了要求隱蔽而將整個小鎮漆成白色而得名。
- **南林堡省(Zuid-Limburg)**：可上官網查詢相關旅遊資訊：www.visitzuidlimburg.nl。

行家祕技
推薦必吃Vlaai

Vlaai是荷蘭傳統的糕點，是一種水果派，有草莓、藍莓、櫻桃、椰子等多種不同的口味。發源地在南部的林堡省(Limburg)。推薦馬斯垂克市區專賣Vlaai的糕餅店：

- **De Bisschopsmolen**：Stenenbrug 3
- **Patisserie Royale**：Wycker Brugstraat 13
- **Mathieu Hermans**：Zakstraat 9

烏垂克 Utrecht

烏垂克為荷蘭第四大城,旅遊景點十分集中,步行可達。

從阿姆斯特丹中央火車站搭車到烏垂克不過半小時的車程,是荷蘭的第四大城。又因為正好在荷蘭中央的地理位置,成為境內交通系統的樞紐。此外,烏垂克主要的旅遊景點都相當集中,步行就可以抵達。

火車站就是一個大商圈

烏垂克火車站和Hoog Catharijne購物中心相結合,正對面是Jaarbeurs會議中心和Herman Hertzberger's Vredenburg音樂中心,擁有近200家知名品牌商店,占地相當廣大。經過數年的整修,打造成荷蘭最大、最寬廣、並結合運輸、購物、休閒、餐飲的火車站。

也因此,每每進出烏垂克火車站,尤其是轉車,光是找月台(共21個)、上手扶梯,下地下道,得和來往穿梭的購物人潮和絡繹不絕的乘客爭先恐後,就怕錯過了班車。

▲ 只要是好天氣,烏垂克的運河餐廳總是滿座。邊喝咖啡,邊享受日光浴

聖馬丁教堂及主教塔
Domtoren

http www.domtoren.nl / ✉ Domplein 21, Utrecht / 🕐 請直接洽購票處,旅客服務中心每日10:00~17:00 / 💲 若使用樓梯,成人12.50歐元、4~12歲及65歲以上7.50歐元,時間為1小時;若使用電梯,則分別為15歐元和10歐元,時間為30分鐘 / ➡ 出了烏垂克火車站,便能見到高聳的主教塔。沿著運河步行,約10分鐘就能抵達

主教塔(Domtore)是荷蘭境內最高的鐘塔(高112.5公尺),這座哥德式的鐘塔屬於聖馬丁主教堂一部分,不只是最顯眼的地標,更突顯了烏垂克歷史發展與宗教的密切關係。據說,當時的計畫就是要打造一座雄偉的大教堂,孰料工程進行到一半,資金就已罄絕,因此連接塔樓和主教堂的中殿沒有完成。1674年教堂中殿因強風倒塌,垮掉的部分就變成了廣場,最後聖馬丁主教座堂塔樓就成了獨立的塔樓。

要登上塔頂可不容易,總共有465個階梯,卻能將烏垂克的風光盡收眼底。唯獨要登塔頂必須要先在遊客中心報名登記才行。

中央博物館 / 米飛兔之家
Centraal Museum
Dick Bruna Huis (Mifi Museum)

中央博物館
🌐 centraalmuseum.nl / ✉ Agnietenstraat 1 / 🕐 週二～日11:00～17:00 / 💲 13.50歐元(一票兩用,可一併參觀米飛兔之家,若只參觀米飛兔之家,票價7歐元) / ➡ 從烏垂克中央火車站前搭乘巴士2號,在Centraal Museum站下車即見

米飛兔之家
🌐 www.nijntjemuseum.nl/English / ✉ Agnietenstraat 2 (位於中央博物館Centraal Museum對面) / 🕐 週二～日11:00～17:00 / ➡ 同中央博物館

　　位於烏垂克舊城區museumkwartier(博物館區)的中央博物館(Centraal Museum Utrecht)與米菲兔之家(Dick Bruna Huis)相對門。你必須先到中央博物館購買門票,才能進入米飛兔之家,一張票兩處皆可參觀。布魯那這名字大概沒人知道,但若提到大耳朵、小嘴巴的米飛兔(Miffy),可就無人不知了。而他正是米飛兔的創造者。烏垂克的布魯那之家(米飛兔之家),收藏布魯那的創作,是米飛兔迷不能錯過的一站!

▲ 中央博物館

▲ 米飛兔之家

☕ 豆知識

插畫家迪克·布魯那

　　原創者迪克·布魯那(Dick Bruna),是出生成長在烏垂克的知名插畫家、作家與平面設計師。他的父親和祖父開設的A. W. Bruna & Zoon,是荷蘭最大的出版社。從未受過專業的美術指導,完全靠著天分與對繪畫的熱愛,從為家族出版社出版的書籍繪製封面開始,直到1953年,則以創作繪本為主。

米飛兔的誕生

　　米飛誕生於1955年某個假日,作者為1歲的兒子講述之前在沙丘上看到的小白兔故事,沒想到引發靈感,創造了這個不輸給Hallo Kitty的角色。米飛是個小女孩,原因是作者後來比較想為這個小兔子穿上裙子而不是褲子。

　　繪本總共有124冊,每一本都包含了一則小故事,用小朋友們能理解的字彙與方式,講述他們的日常。而且每一頁都有一幅插圖和簡單押韻的4句話。他還創造了許多受歡迎的角色,包括小狗 Snuffy 與小豬 Poppy。

音樂鐘博物館
Museum Speelklok

🌐 www.museumspeelklok.nl / ✉ Steenweg 6 /
🕐 10:00～17:00 / 💲 14歐元

　　隱身在窄小又不起眼的巷弄間，由舊教堂改建。最古老的館藏可追溯到16世紀。從教堂鐘塔的鐘到手風琴、管風琴以及飾品等，擁有來自世界各地琳瑯滿目的收藏。此外，還有19～20世紀有錢人家會收藏的音樂盒，至今還能播放，毫無瑕疵，每一件展品的工藝都相當精緻。每到整點時，各種樂器還會自動演奏。

鐵道博物館
Het Spoorwegmuseum

🌐 www.spoorwegmuseum.nl / ✉ Maliebaanstation 16 / 🕐 週二～日10:00～17:00 / 💲 17.50歐元

　　每一個國家都有自己的鐵路歷史。烏垂克這間鐵道博物館也不例外。原本的所在地就是一個火車站（Maliebaan），之後才改造成鐵道博物館。博物館分成內外兩個部分。館外停放許多各式年代已久的火車，館內則是個鋪有軌道同時搭配聲光效果的小型樂園。復古的售票處和大廳頗讓人有置身在19世紀的錯覺。

　　鐵道博物館也曾跟受到全世界小朋友歡迎的湯瑪士小火車合作展覽。對火車迷來說，這間博物館絕對是必遊之地。

舊運河
Oudegracht

　　烏垂克也是個運河之都，舊運河（Oudegracht）蜿蜒貫穿市中心。由於運河高度較路面低了約一層樓，因此多出了一層空間。過去是方便船隻直接將物品運送往倉庫或住家，現在大多為倉儲用途。開放的空間轉型為露天咖啡座、酒吧和餐館，儼然成了代表烏垂克最特殊的運河景致。

　　烏垂克的初秋昏黃時分最美，漫步舊運河區，從樹縫間斜進微弱的夕陽，與黃葉跌落在水波上。眼前的小橋、遠方的鐘塔、倚著欄杆的腳踏車、還有橋下燈火通明的酒吧，盡成傍晚的烏垂克景色，教人留戀不已。舊運河上有幾間遊船公司，提供遊船瀏覽烏垂克整個城市。

行家祕技　烏垂克延伸旅遊

■ **亞能(Arhnem)及戴芬特(Deventer)**：位於荷蘭東部小城市。

■ **丹柏史(Den Bosch)**：離烏垂克僅半小時火車車程的小城市。

▲ 鐵道博物館

玩樂篇

其他旅遊城市推薦

荷洛寧恩 Groningen

這是荷蘭最北、最具人氣的大學城，市中心擁有兩個大廣場，平日作為露天市集用地。

菲仕蘭省 Friesland

此為荷蘭最具鄉村氣息的省分，也是荷蘭西北部農業重鎮，世界乳業大王之一。悠閒純樸的人文風情，為荷蘭呈現另一種百分百田園風貌，最大的城市為雷瓦頓(Leeuwarden)。

萊登 Leiden

萊登距離阿姆斯特丹不遠，大約半小時的車程。這是個人文薈萃的大學城，也是個充滿濃濃荷蘭傳統味的古鎮。位於古老萊恩河畔的萊登大學建於1575年，是荷蘭最古老的大學，造就出不少學術人才。萊登也是荷蘭大畫家林布蘭的出生地。

台夫特 Delft

兼具歷史與人文風情的中世紀古城，是電影《戴珍珠耳環的少女》的場景，以典雅的荷蘭藍彩陶繪聞名。台夫特科技大學更是荷蘭規模最大的科技殿堂。荷蘭王室家族與名人，皆葬於市區新舊教堂。

卡茨赫弗爾 Kaatsheuvel

位於卡茨赫弗爾的艾芙特琳樂園(Efteling)是個以森林童話故事為主題的樂園，誕生於1952年，不僅是全球早期開發的樂園之一，更是荷蘭與全歐洲最大的童話主題樂園，每年吸引近4百萬人次造訪。共分為4個區：西區為童話森林區、北區為旅遊區、東區為原始區、南區則為奇幻3D區，各區均有鮮明的特色和有趣的設施。

整個園區尚包括了由水景、樹林，及荷蘭花卉所營造的花園景觀。園內還有一個宛若城堡的旅館，不妨住上一晚，徹底體驗森林童話的樂趣。

http www.efteling.com / ⏰ 10:00～18:00(夏季和冬季會有所調整) / 💲 36.50歐元 / ℹ️ 官網及荷蘭鐵路局均售有火車票+門票的特價優惠

鬱金香花海之旅

趁著每年3月底　5月中旬鬱金香盛開的季節，安排一趟花田行程吧！

如果你來荷蘭是想縱身在鬱金香花田間的話，有幾個地方絕對是必訪的花田去處，可得備足一張容量較大的記憶卡喔！

大部分的花田都位在鄉鎮農業地區，只能靠租車或租腳踏車前往。此外，每年鬱金香的花期集中在3月底到5月中，但花是否綻開還是要看天候及溫度而定。

麗瑟(庫肯霍夫花園)及周邊小鎮
Lisse(Keukenhof) & Hilegom & Noordwijkerhout

🌐 www.keukenhof.nl / ✉ Stationsweg 166A, Lisse / 🕐 3月下旬～5月底(依每年公布時間而定) / 💲 成人網路購票17歐元，現場購票18歐元，孩童(4～17歲)8歐元 / ➡ 史基浦機場出境大廳4號出口處設有巴士站牌，搭乘Keukenhof Express 858號可前往庫肯霍夫鬱金香花園，每小時4班車，營運時間09:30～18:30 / ℹ 搭乘858號，可直接向司機購買來回巴士票+入園門票(All-In Combi-Tickets)：成人票價25歐元，孩童(4～17歲)13.50歐元；或使用OV-Chip卡，巴士單趟5歐元。在858號的站牌旁有一台Arriva小巴士，可在此購買入園門票

這是亞洲觀光客必訪熱門景點，包括各種主題園區：音樂公園、自然公園、歷史公園等。公園內還有特地為鮮花量身訂作的溫室，展示來自世界各地的花卉品種與花藝裝飾設計。

你可以從Harrlem搭乘巴士50號前往Lisse，在Nachteghaal站下車。車程約30分鐘。下車後，就可以看到對面的Nachteghaal旅館，向旅館租用腳踏車可前往庫肯霍夫花園或附近的花田。費用15歐元起。

玩樂篇

安娜保羅納、丹赫爾德
Anna Paulowna & Den Helder

這裡是荷蘭鬱金香的出產地之一。安娜保羅納鎮每年5月的第一週還舉辦了為期5天的花節。搭火車前往，散步即可欣賞兩旁美麗的花田。

➡ 搭火車到安娜保羅納(Anna Paulowna)站下車

奧克馬周邊、艾賀蒙、載普
Alkmaar & Egmond & Zijpe

位於起士重鎮奧克馬(見P.166)近郊處。

http 載普花田：www.bloeiendzijpe.nl／➡ 奧克馬周邊和艾賀蒙這兩個地方的花田都沒有交通工具可達。建議先搭乘火車到Alkmaar之後，先前往旅遊服中心索取地圖，然後選擇租腳踏車前往

芙雷佛蘭省東北角圩田及艾瑪洛德一帶
Flevoland : Noordoostpolder & Emmeloord

每年4月底至5月初，該省會舉辦多項鬱金香花季活動。可徒步或腳踏車遊花田。交通較為不便，網站上有提供開車前往的說明。

http tulpenfestival.nl/en
http www.visitflevoland.nl/en/see/new-nature/tulips

🧑 豆知識
荷蘭名人

- Willem van Oranje(1533～1584)：擊退西班牙，讓荷蘭脫離殖民的英雄
- Rembrandt van Rijn(1606～1669)：畫家林布蘭
- Vincent van Gogh(1853～1890)：畫家梵谷
- Johannes Vermeer(1632～1675)：畫家維梅爾
- Gerard Jolin：同志歌手傑洛袞林，在亞洲紅極一時，曾來台灣宣傳
- Laura FiGi：知名爵士名伶蘿拉費琪
- Inge de Bruijn：奧運女子金牌選手茵荷布郎
- Pieter van den Hoogenband：奧運男子金牌選手彼得‧范‧胡德班德
- Miffy：知名卡通人物米飛兔。其荷蘭名字為Nijntje
- Doutzen Kroes：美國第一名模
- Ruud van Nis-telrooy：荷蘭足球金童范‧尼斯特洛伊
- Johan Cruijf：1970年代有名足球金童約翰‧克勞夫(於2016年3月辭世)
- Guus hiddink：荷蘭知名足球教練希丁克
- Paul Verhoeven：導演保羅范赫文，知名作品《美國舞孃》(Showgirls，1995)
- Queen Beatrix：荷蘭前女王碧翠絲
- Marcel Wanders：知名設計師，為荷蘭著名家飾品牌Moooi做設計
- Victor& Rolf Snoelen：荷蘭時尚設計兄弟組合
- Anouk：荷蘭天后阿努克
- Carice van Houten：影后卡莉絲范豪登，曾與阿湯哥合演《華爾奇麗雅》(Valkyrie)

荷蘭夜生活

有不少電影院、音樂廳、歌劇院，每晚提供各種表演藝術節目。

夜幕低垂，映照在運河上的霓虹燈光叫人心醉神迷。鼓噪的音樂與嬉笑聲讓整個城市鬧熱地沸沸揚揚。這裡的夜生活可不是只有紅燈區和大麻館，荷蘭夜店文化甚為流行，且是個非常熱愛音樂節的國家，尤其是電音，素有電音王國之稱。任何活動都喜歡來辦個趴，每年10月的ADE(Amsterdam Dancing Event)更是吸引來自世界各地、不分年齡的遊客，如想體驗一下荷蘭夜店的氣氛，可搜尋網址www.djguide.nl，裡面密密麻麻，滿滿的行程表，讓你任意挑選。

紅燈區

阿姆斯特丹的紅燈區(De Wallen)，是荷蘭合法的色情營業場所。但這裡的治安較亂，好奇之餘也要隨時看緊財物。除了紅燈區之外，位於林布蘭廣場的Escape和萊茲廣場的Lido夜總會、午夜最受歡迎的舞廳勝地Paradiso、Hardrock Cafe、離花市不遠的Air Club可以體驗到熱鬧獨特的夜生活之外，位於Prinsengracht街的Rockclub The Cave、Korte Leidsedwarsstraat街的Café Amsterdamned、Jimmy Woo和Lijnbaansgracht街的De Melkweg亦是受到遊客喜愛的夜店。

➡ 從水壩廣場對面的戰士紀念碑旁的街道直走，過了Warmoesstraat(瓦目街)後，繼續前行，就會抵達紅燈區所在的運河區O.Z. Achter-burgwal

同志街

同志街是很多女性觀光客最想去的地方之一；這裡帥哥雲集，賞心悅目，但卻只能在心裡捶胸怨嘆大帥哥只愛男人。阿姆斯特丹有上百家同志酒吧，多半集中在Amstel(近Muntplein錢幣廣場)及Halvemaansteeg、Reguliersdwarsstraat這幾條街。位於Spuistraat的Prik、Amstel的Roque和位於Kerkstraat街的Club Church也是極受同志們歡迎的酒吧。

➡ 搭乘電車1、2、24、25號，在Koningsplein(國王廣場)站下車；或4、9、14號在Rembrandtplein(林布蘭廣場)站下車

貼心 小提醒

全面禁菸

自2008年7月1日起，根據荷蘭修法規定，餐館、酒吧及旅館內一律禁菸！

行程規畫建議

以下提供幾項簡單的行程建議，中間的行程內容完全視個人的喜愛決定。

如果你喜歡藝文及博物館，可以多安排幾個博物館；如果你純粹以城市遊覽為主，散步或租腳踏車則是不錯的選擇，而且各城市的交通悠遊卡都非常好用。

阿姆斯特丹4日遊

如果你計畫只玩阿姆斯特丹3～4天，可參考下表這樣安排。

天數	觀光重點
Day1	下午：可逛水壩廣場及周邊+滑鐵盧廣場及周邊／傍晚：逛紅燈區+運河散步
Day2	早上：訪梵谷美術館+國家博物館 (博物館廣場)／下午：下午3點半後可遊安妮法蘭克之家及約旦區 (Jordaan)
Day3	早上：逛辛格花市+奧柏特奎伯市場／下午：搭巴士前往郊區的風車村贊瑟航斯或佛倫丹 傍晚搭船遊運河
Day4	市區散步+購物

阿姆斯特丹+另一城數日遊

如果你想多玩其他城市，建議以阿姆斯特丹為主，再配搭另一個城市旅遊。

3日遊行程

天數	觀光重點
Day1	阿姆斯特丹市區散步 (約旦區、博物館廣場) 或租腳踏車遊
Day2	可選擇一個城市，如：馬斯垂克、海牙、鹿特丹、烏垂克或萊登+台夫特
Day3	可訪博物館

4日遊行程

不妨可以分兩天給鹿特丹或馬斯垂克，這兩個城市都值得待兩天一夜。

天數	觀光重點
Day1	遊阿姆斯特丹
Day2	遊鹿特丹
Day3	遊馬斯垂克
Day4	回阿姆斯特丹

通訊與應變篇
Communication & Emergencies

在荷蘭打電話＆上網，或發生緊急狀況怎麼做？

在荷蘭旅行，要怎麼與親朋好友聯絡、與世界連上線？
若發生意外或財物損失，有沒有辦法可解？看本篇能提供你一些實用資訊。

購買SIM卡，或使用通訊軟體打電話都很方便。

從台灣打電話到荷蘭

國際冠碼＋荷蘭國碼＋區域號碼＋電話號碼

先撥中華電信的國際冠碼「002」、「009」、「019」，或其他電信公司的國際冠碼，接著撥荷蘭的國碼「31」、區域號碼(前面如有0需去掉)、電話號碼。

撥打方法	國際冠碼＋	國碼＋	區域號碼＋	電話號碼
打到市內電話	002 / 009 / 019 等等	31	20 (阿姆斯特丹，要去第一個0)	7碼
打到手機	002 / 009 / 019 等等	31	6 (荷蘭手機起碼，要去第一個0)	8碼

從荷蘭打電話回台灣

國際冠碼＋台灣國碼＋區域號碼＋電話號碼

為了節省電話費，可先在台灣購買「國際電話預付卡」，按照卡片上的指示，輸入卡片上的密碼，即可撥打。此卡適用於荷蘭的公共電話。

撥打方法	國際冠碼＋	國碼＋	區域號碼＋	電話號碼
打到市內電話	00	886	2 (台北，要去0)	7碼或8碼
打到手機	00	886	9 (要去0)	8碼

從荷蘭打荷蘭境內電話

手機：06＋電話號碼／市話：020＋電話號碼

荷蘭的手機號碼、市話號碼，皆為10碼。手機開頭一律為06，市話依地區不同，各有區域號碼(例如：阿姆斯特丹020、鹿特丹為070)。

SIM卡最好在台灣就辦好

現在人手一機，而且無法忍受無網路的任何一刻，即使有網路，速度還不能太慢。

而且使用手機打電話的機會也減少了。只要有網路，就可以透過各種通訊軟體APP、facetime等通話。因此出國旅客多半需求的是上網預付卡。無論如何，請依照自己的需要購卡。如果你覺得還是會有打電話的需求，比如要聯絡旅館或機關，那麼就購買網路加通話的SIM卡。

要是你覺得自家通訊公司的漫遊費用太貴，不想花錢，可以在台灣購買上網卡，或到當地再購買SIM卡或預付卡。此外，在荷蘭超市，比如Albert Heijn（AH）或生活用品店HEMA等都有自己品牌的預付卡，也是另一選擇。

荷蘭網卡 (可先在台灣辦好)

歐洲通用28日上網卡，1分鐘內桃園機場櫃檯急速取件！荷蘭旅遊必備歐洲網卡KPN，不必擔心轉卡、免費贈送退卡針！28天內4G網絡6GB高速流量、簡單開通手續，隨插即用！

http www.kkday.com/zh-tw/product/28614

173WIFI (可先在台灣辦好)

推出多種不同的電話上網卡，包括歐洲Orange 31國、11國14日以及歐洲Vodafone31國。可依照個人的需要選擇。

http www.173wifi.com.tw

翔翼全歐上網卡 (可先在台灣辦好)

範圍包含歐洲各國。可以先替你開卡辦到好，出國就能隨插即用。產品出廠皆附中文說明書、SIM卡（各種尺寸都有），並提供機場取貨宅配服務。

http www.aerobile.com (點選歐洲跨國通用SIM卡)

荷蘭預付卡 (到荷蘭再辦)

一般預付卡使用較為普遍的是Lyca Mobile和Lebara。在你抵達史基浦機場入境大廳後，可在此購買。兩者皆提供10～30歐元不等的SIM卡及1～1.5GB的網路服務，還有不同的套裝組合供遊客選擇，價格則視你是否需要網路或旅遊天數預計會撥打的時間次數而定。撥打台灣1分鐘約0.01歐元。這兩種卡也可以在市區的小雜貨店、電信行購買得到。

Lebara靠近Matinque服飾店，在預付卡的服務攤位購買後，還可以請服務人員替你換卡。Lyca mobile靠近漢堡王，預付卡還有25歐元包卡，1G流量等的選擇，使用的是KPN的網絡。同時打回國內的資費很低。

智慧型手機十分便利

使用智慧型手機或iPad，就可以透過各種社群、通訊軟體What's app、facetime、WeChat、Viber、Skype等方式通話。

荷蘭預付卡這裡買

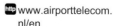

http beltegoedopwaarderen.nl

http www.beltegoed.nl/Lebaramobile

http www.airporttelecom.nl/en

http SIM.today

＊資料時有異動，請以官方公布的最新資料為主

手機故障怎麼辦

　　旅途中，遇上手機故障需要維修該怎麼辦呢？如果你持有的是品牌手機，可以前往該品牌專賣店求助。前往一般的通訊行也是個辦法，多少能幫你查看到底是哪裡出了問題。如果問題仍舊無法解決，可向手機維修站求助。

　　以阿姆斯特丹為例，雖然市區內有林林總總的手機維修店，但是還是建議選擇服務品質好的維修店。標榜手機醫生的連鎖維修店ThePhoneLab提供專業的維修服務，手機和iPad都能送修。送修之前，可先請手機醫生報價，再決定是否送修。市區內有數家分店。

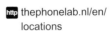 thephonelab.nl/en/locations

郵寄

荷蘭國內的郵局所剩不多了，你可以到有「POST」標誌的書店或書報攤辦理郵務。

　　荷蘭的郵政效率，在歐洲來說算是不錯的。掌管荷蘭全國郵政業務的是郵務服務公司POST。

買郵票

　　購買地點：郵局、超市、書報攤，或是賣明信片的商店。

寄信件

　　不管是平信、或限時專送信件等等，只要重量超過20公克，就得到附近的郵遞處請服務人員秤重，計算合適郵資。關於郵資及遞送時間，亦可上荷蘭郵務官網（www.postnl.nl）查詢。

	寄回台灣或歐洲以外地區	寄荷蘭境內
0～20 公克	1.65歐元	0.96歐元
20～50 公斤	3.20歐元	1.92歐元

外地、國際郵件投這裡　　本地郵件投這裡(請根據郵遞區號辨別)

寄包裹

郵寄包裹一定要封裝好,收信地址也要寫清楚。如果要郵寄快捷和限時包裹,服務人員會請你填單子,說明包裹內容物品、件數、重量、價值,同時請你簽名。包裹運費以「公斤」計算。

寄往荷蘭境內

(寄送時間約1～3個工作天)

0～10 公斤(100 x 50 x 50 cm)	9.20歐元
10～23公斤(175 x 78 x 58 cm)	15.50歐元

寄回台灣

(寄送時間約1～3個工作天)

500公克以內 最長不超過90公分,最高不超過60公分	9.20歐元
1公斤以內 最長不超過90公分,最高不超過60公分	15.50歐元
2公斤以內 最長不超過90公分,最高不超過60公分	22歐元
最重至2公斤 尺寸最大為100×50×50	28歐元
最重至5公斤以內 尺寸最大為100×50×50	45歐元
最重至10公斤以內 尺寸最大為100×50×50	77歐元
最重至20公斤以內 尺寸最大為100×50×50	140歐元

http jouw.postnl.nl/online-versturen/en-GB/pakket/kiezen / 🚹 以上包裹寄送,若包含保險理賠,賠償金額最多至100歐元,加收2.50歐元;賠償金額最多至500歐元,加收5歐元

寄明信片

貼足郵資,即可直接投遞至任何路上的郵筒。另外,到明信片商店購買,可告知對方,要寄去哪個國家,他就會給你足夠郵資的郵票。

貼心 小提醒

下載APP,追蹤運送時間

荷蘭郵政也面臨了疫情解封後人力短缺、物流作業時間的問題,國際信件及包裹寄送時間均延誤至3週以上。目前已有多家物流服務公司,如DHL、DPD、UPS等,相繼加入配送業務市場,民眾有更多物流選擇。

此外,不妨下載荷蘭郵政(PostNL)或物流公司的APP,可以隨時掌握包裹遞送時間和情況,方便追蹤。

荷蘭郵政 http Post.nl
DPD http www.dpd.com/nl/en
DHL http www.dhl.de/de/privatkunden.html
UPS http www.ups.com/nl/en/Home.page

路上 觀察 **郵局已消失**

其實,因為電子及網路通訊日趨便利,傳統郵件的遞送數量銳減,導致郵政管理局的財務狀況快速虧損惡化。荷蘭全國的郵局服務辦事處已全數關閉,轉而與當地的商店像是超市、書店(例如Bruno和AKO)合作為「鄰里郵局」取代原先的整間郵局。如果你要買郵票、寄包裹、信件和明信片,一般書店和火車站內的書報攤都可以辦理。請先確定書店是否標有橘色「POST」的標誌。大部分的超市僅有販售郵票的服務。

想要寄明信片但是當下找不到郵筒怎麼辦?你可以利用上述的書報攤、書店或是火車站周邊以及史基浦機場境內各處均設有郵筒投遞。

安全叮嚀

治安還算良好，但出門在外是要務必小心。

像 阿姆斯特丹、巴黎、倫敦等歐洲首都大城，每天都有成千上萬觀光客湧入，政府在維護治安上，難免無法面面俱到，犯罪事件時有所聞。而新冠肺炎疫情發生後，每日平均的犯罪案、竊盜案及詐騙案件率更是日益上升。若不幸遭竊遇扒，一定要立刻向當地警局報案。以下列出5項人身、財物方面的安全叮嚀。

白天黑夜 勿走小巷

在阿姆斯特丹，若晚上到酒吧小酌，需先了解夜間電車、巴士行駛時刻，離開時請走主要道路，深夜回到旅館亦盡量別走人煙稀少的暗巷。

公共場所 慎防扒手

像機場、火車站、景點、酒吧、電車、巴士、人潮較多的廣場街道，切記別讓隨身行李離身，並將背包放胸前。在機場Check-in、利用自動售票機購票、打電話，請將手提行李放在內側或用腳擋住。切勿將手機、筆電、平板等貴重物品放在餐桌或吧檯上，然後離開座位去洗手間或買咖啡。常常你認為的「應該不會怎麼樣」就是歹徒或扒手下手的時候。

貴重物品 一定放好

貴重物品或現金不論價值，請鎖在旅館保險箱。錢財與證件分開放，出國前一定要將護照、簽證、機票、信用卡影印2份，1份留給親友，1份攜帶出國，並與正本分開放。如果不小心遺失，還有影本可辦掛失。完成提款或刷卡後記得將卡片取回。

看似好人 小心提防

警察平時並不會要求你出示證件，可別被假警察騙了。若有人兜售紀念品，或拿相機要幫你拍照，都不要相信，雖不是每個人都是壞人，但是請保持警覺。因為歹徒不會把壞人兩個字寫在臉上，你不會查覺他們是壞人，而且通常是一夥2～3個人互相串通好，藉故找你聊天、問問題，分散你的注意力；或趁機靠近你、不小心撞到你等狀況，然後趁你不注意，竊取你的財物。

如果被搶 務必鎮定

旅行時如果真的被搶了，不要逞強，先鎮定下來，人身安全還是最重要的，錢財、證件是其次。

物品遺失

遺失物品別緊張，找相關單位尋求協助。

行李遺失（在機場）

Step 1 再找找看

先查看四周是否有類似的行李箱，也許是被人誤拿了。如果發現是航空公司遺失了託運行李，請立即向搭乘的航空公司聯繫。或是前往在領取行李轉盤處附近的服務台請求協助。

📞 失誤照領服務電話：020-333-0333
🌐 www.schiphol.nl/en/at-schiphol/services/lost-found-objects

Step 2 登記通報遺失

前往任一服務台（Information Desk）或失物招領處（Lost & Found）尋求協助，提供你的航班資料及護照，盡可能向服務人員詳細描述行李的特徵。或是填寫失物招領表，依照提供的資料找到的遺失行李或物品。失物招領服務電話：0900-0141，境外請撥打：+31 20 794 0800。

Step 3 尋找行李

辦事人員會替旅客填寫「行李意外報告」，透過國際協尋行李網路，找尋遺失的行李，若超過21天尚未尋回，將由航空公司理賠。

護照遺失

Step 1 到警察局報案

前往警察局報案，說明事情大概經過，可能是在哪裡遺失，什麼時候遺失等，取得報案單。

Step 2 備妥文件，申請補發

前往海牙駐荷蘭台北代表處。記得攜帶護照影本、遺失證明、機票、2吋照片2張，以及荷蘭警察局發給的報案單前往。到達辦事處之後，你會有兩個選擇：

■ **申請新護照：** 駐外使館無法製作現行的晶片護照，得請台灣外交部做好再寄過來，需時5～6週。除非你會在歐洲待上很長的一段時間，否則不建議選擇此項。

■ **申請入國證明書：** 此證明書讓你可以離開這個國家，並且回到台灣入境。

🌐 www.roc-taiwan.org/nl/post/216.html
　　www.roc-taiwan.org/nl/post/240.html
@ consularnld@mofa.gov.tw
📞 專線：+31 (0)70 2503014
🕐 週一～五09:30～12:00，領務櫃檯下午不對外開放，急難救助事件不受此時間限制。送件及取件不需要預約
💲 晶片護照：滿14歲以上及無兵役義務男子43歐元，未滿14歲及尚未履行兵役義務男子29歐元

使用匯款APP

你也可以透過銀行自己的APP，或在手機下載幾個線上轉帳APP，如Westernunion、Worldremit、Opay、Rewire、Transferwise，就不用再找ATM或人工匯款服務。

報案這裡辦

阿姆斯特丹ATAS警察局

Amsterdam Tourist Assistance Service，專門協助需要幫忙的國際旅客。

✉ Nieuwezijds Voorburgwal 104-108, 1012 SG, Amsterdam

☎ 31-20-6253246

➡ 離中央火車站不遠，搭乘電車5號可抵達

護照遺失這裡辦

駐荷蘭台北代表處(位在海牙)

Taipei Representative office in the Netherlands

🌐 www.roc-taiwan.org/nl/post/216.html

✉ Van Stolkweg 23, 2585JM Den Haag (The Hague), The Netherlands

☎ +31-70-2503000(若人在荷蘭，請直撥070-2503000)

急難救助行動電話：31-654-948849(若人在荷蘭請直撥：06-54948849)

📠 31-70-3603836

@ tperep@xs4all.nl

➡ 海牙中央火車站前搭乘電車10號(往Statenkwartier方向)，於Mauritskade站下車，轉搭電車1號往(Scheveningen Noorderstrand方向)，於frankenslag noord站下車，步行約3分鐘

ℹ 護照、簽證等事項，於上班時間撥打：31-70-3469438。發生車禍、搶劫等生命安危緊急情況，請求急難救助請撥打：31-654-948849

現金遺失

如果不幸在荷蘭現金被偷光，可使用西聯匯款(Western Union)救急。請台灣親友透過西聯匯款服務匯錢，就能在24小時內收到款項。

■ **請家人匯款：**請家人利用西聯匯款服務，指名匯到指定的Western Union服務點，匯款後告訴你密碼。

■ **請備妥文件取款：**請先找到當地的西聯匯款據點，服務人員會要求你填寫表格。備妥護照或證明文件及匯款人資訊，資料無誤，於24小時內就能取款。

🌐 www.westernunion.com/nl/en

防範竊盜重點提醒

■ 行李不離身，護照、重要證件及金錢等貴重物品，應隨身妥善放好，置放於目光可及之處。大包小包易成為竊盜集團下手目標，應盡量化零為整。

■ 隨時警覺陌生人靠近，避免單獨行走於黑暗、行人稀少之巷弄。

■ 在飯店用餐時，皮包、手機須隨身攜帶，以免遭竊。

■ 若需要暫時離開車輛，建議將行李、隨身物品一併帶下車，以免車窗或後車廂遭人毀損竊取物品。

■ 如遇疑似假員警要求盤查身分證件，可要求對方同赴附近警局受盤查。

■ 近日部分荷蘭及比利時警察局要求報案之國人出示國籍證明(如護照或護照首頁影本等證件)，始接受報案，否則不予受理。但是行李遭竊多半包括護照在內，最好先備妥護照首頁影本，與護照分開放，或拍照存於手機雲端備用。

■ 如發生危及生命安全事故需救護車救助，請撥打荷蘭全境免費緊急呼叫中心112。

*資料時有異動，請以官方公布的最新資料為主

通訊與應變篇

貼心 小提醒

在機場或火車站遺失護照怎麼辦？

請至位於史基浦機場 (Schiphol Plaza)火車票售票處旁的Royal Dutch Marechaussee辦事處或機場員警尋求協助。

在火車上或車遺失或尋獲物品

若在火車上尋獲遺失物品，請通報站內服務人員。物品前5天會先保留在火車站的保管處，待遺失者攜帶證件前來索取。超過5天無人前來認領，物品會送往Utrecht (烏垂克)，最多保留3個月。假如是遺失護照證件，請先前往警局辦理遺失證明，然後至位於海牙的駐荷蘭台北代表處補辦。若是車站人員尋獲護照，會直接送往Marechaussee (荷蘭憲兵處)。若尋獲行李或物品，會通知並寄還給遺失者，但需支付最少15歐元的費用(物品會以距離和重量另外加計)。

http 詳情及表格請上網址：www.ns.nl/en/customer-service/lost-or-stolen/lost-and-found-items.html
http 荷蘭鐵路局客服：www.ns.nl/klantenservice/contact (內含電話及服務時間等聯絡方式)

西聯匯款這裡辦

荷蘭西聯匯款服務

GWK Travelex可辦理，以下提供兩處位於阿姆斯特丹的據點，其他GWK Travelex 服務據點可上網查詢。
http www.gwktravelex.nl

GWK Travelex 地點1
✉ Damrak 86, Amsterdam
☎ +31 20 624 6682
🕐 08:30～17:00 (週末為09:30)

GWK Travelex 地點2
✉ Stationplein, Amsterdam (於中央火車站內)
☎ +31 20 627 2731
🕐 08:00～20:00 (週日為10:00～17:00)

台灣西聯匯款服務

台灣與西聯匯款合作的銀行為京城銀行，可至此辦理。或是下載西聯銀行的APP：Western Union，即可24小時在線匯款至境外。

京城銀行
http customer.ktb.com.tw (個人服務→西聯匯款)

信用卡掛失這裡辦

Visa Card
☎ 31-20-6600789 (Diemen狄門)
緊急掛失及急難救助：31-20-6600611
0800-022-3110
全球通用：0080-1-444-124
免付費中文服務：612-9251-3704

Master Card
☎ 31-30-2835111 (Utrecht烏垂克)
緊急掛失及急難救助：31-20-2835555
0800-0225821
全球對方付費電話：1-636-722-7111，待電話接通後說「Mandarin Please」，就有說中文人員提供服務

American Express
☎ 31-20-5048000 (阿姆斯特丹)
31-10-2803000 (鹿特丹)
緊急掛失及急難救助：31-20-5048196
辦理掛失台灣專線：(02)2545-9090

JCB Card
☎ 31-20-6392829 (阿姆斯特丹)

＊資料時有異動，請以官方公布的最新資料為主　　　　＊資料時有異動，請以官方公布的最新資料為主

生病、受傷

旅行前應多注意身體保養。若有牙痛或其他病痛，應先做好治療及備妥藥品。

歐洲氣候多變，日夜溫差亦大，應穿著並攜帶保暖衣物，冬季旅行最好加件衛生衣。別因大意而讓生病、疼痛掃了旅行的興致。如果擔心水土不服、身體不適，以下介紹3種方法，讓你有備無患。

▲ etos藥妝店、Kruidvat藥妝店是當地常見的藥局

自備藥品

可自行攜帶藥品，如：感冒藥、胃藥、腸胃藥、止痛藥，解決輕微流鼻水、頭痛、生理痛或發燒等症狀的藥品。如果有鼻塞、花粉症等過敏症狀、最好也能攜帶相關藥品。如果有機會前往戶外遊玩，萬金油和防蚊液是必備的藥品之一。記住！這些藥可是備而不用喔！

在當地買藥

當地藥房稱作「Apotheek」，有的也使用英文「Pharmacy」。其他像是「etos」、「Kluidtvat」、「Trekplester」、「Holland & Barrett」等藥妝店（當地稱為Drogist）均有售感冒藥、止痛藥等。大城市的火車站內多半都有「etos」藥妝店。

阿姆斯特丹沒有24小時的藥房，若有藥品方面的需要或問題，可撥打至「Pharmacies Central Service」020-592-3315，請告知對方你目前所在的地點，以便查詢並提供你就近的藥局及服務時間等相關資訊。

在當地就醫

荷蘭有所謂的家庭醫師(Huisarts)系統。若需要看醫生，一般旅館都有特約醫師服務，若不便前往，需要醫生前往旅館看診，或是需要預約（每間診所開放接受預約的時間不同），最好先向旅館人員詢求協助。預約時，對方會先詢問你目前的狀況，哪裡不舒服？再視情況決定醫師是否有必要前往旅館看診；若情況嚴重，醫生會建議你前往鄰近的大型醫院或診所就診，並請旅館人員幫你叫計程車。

就醫協助看這裡

就醫協助查詢

　　如果狀況真的是緊急，必須要看醫生時，可以求助下列單位。

設有24小時緊急專線的醫院

OLVG Hospital
✉ Eerste Oosterparkstraat 279; 1091 HA
☎ 020-599-9111

Sint Lucas Hospital
✉ OVLG, locatie West, Jan Tooropstraat 164, Amsterdam
☎ 020-510-8911

專為外籍遊客看診的診所

Expat Medical Center
🔗 www.expatmc.net
✉ Bloemgracht 112
☎ 020-427-5011、0627235380(手機)
@ expatmc@planet.nl

Tourist Doctor Amsterdam
🔗 www.tourist-doctor.nl
✉ Single 261B
☎ 085-210-0101

Amsterdam Tourist Doctors
🔗 www.amsterdamtouristdoctors.nl
✉ Markroon Medical Center, Nieuwe Passeer-dersstraat 8
☎ 020-750-8813
@ info@atdoctors.nl
ℹ 提供24小時緊急、處方及前往旅館看診服務

Doctor in Amsterdam
🔗 www.hoteldoc.nl
☎ 020-262-4282
@ info@hoteldoc.nl
🕐 平日至21:00，週四至22:00，例假日至22:00
ℹ 提供24/7的服務，如非緊急狀況，但有問題想請教醫生，也可以跟他們聯絡

牙痛不舒服請連絡Dental 365

Dental 365 牙醫診所
✉ Piet Heinkade 215, Amsterdam
☎ 020 555 8282
🕐 週一～日08:00～23:30

＊資料時有異動，請以官方公布的最新資料為主

推薦醫療資訊看這裡

阿姆斯特丹中央藥局 & 旅客看診服務
Expat Medical Service

　　位於阿姆斯特丹中央火車站西側的Ijhal (就在Wahamama餐廳的對面)，設立了一間藥局服務中心Amsterdam Central Pharmacy。你可以在這裡買藥、看診或詢問有關醫藥方面的問題，而且不需要預約；還有將藥品遞送至旅館的服務。服務時間為週一至五07:30～21:00 (週四至22:00)；週末10:00 20:00。

藥局
🔗 www.amsterdamcentralpharmacy.nl
☎ 020-235-7822

看診
🔗 www.centraldoctors.nl/Contact
☎ 020-235-7823

＊資料時有異動，請以官方公布的最新資料為主

貼心 小提醒

荷蘭看醫生，保險來給付

　　在荷蘭看醫生，別忘了請醫生開立「就診證明」，回國後，連同當初申辦的海外保險保單，向保險公司申請補助。若未投保海外保險，全民健保也可以申請海外醫療費用。出國前，詳情請先向健保局洽詢：0800-212-369、0800-030-598。

緊急狀況請撥打112

　　若是緊急狀況請立即撥打當地求救專線「112」。(包括火災、救護車、重大事件等)撥打時請告知你所在的地點及發生的事件。

▲ OLVG醫院

內急找廁所

0584

Gentlemen

旅行途中，遇到內急，也算是一種痛苦的緊急狀況，尤其是找廁所！

在荷蘭，很難找得到公共廁所。即使有，好像也只照顧到男生內急，路邊往往就有露天便斗，荷蘭男人於是就這麼大剌剌在路邊解決(果真符合荷蘭人個性)，卻忘了女生也有內急的時候！上廁所通常得付費，不過，要付費的廁所比較乾淨。以下介紹幾個能「方便」的地方。

速食店

連鎖速食店像是麥當勞內的廁所，均需付費。

大型購物商場

Bijenkorf、HEMA內都有收費公廁，價錢爲1歐元不等。

餐廳、咖啡館

除非你在餐廳內消費，可使用內部提供的廁所。咖啡館像星巴克，想借廁所？請先買杯咖啡，記得領取收據。收據上有一條數字碼，入廁前，先輸入該數字碼後，方可開啓廁門。

大型公共場所

機場、博物館、美術館、音樂廳、火車站等，費用爲1歐元不等。

▶ 位於萊茲廣場旁的公共廁所

看懂廁所標示

在荷蘭，廁所的指標是「TOILETTEN」。

■ **男廁**：荷文「Heren」，英文「Man /Gentelman」。

■ **女廁**：荷文「Dames」，英文「Woman /Lady」。

貼心 小提醒

上廁所，請鎖門

排隊等候、敲門、進入後鎖門，這是上廁所的基本動作。尤其一定要「鎖門」，因爲荷蘭人上廁所，較少有先敲門的習慣，他們常直接開門。所以如果你沒把門鎖好而被打開，那就尷尬了！

問候篇

荷蘭語指指點點

een 1	**twee** 2	**Januari** 1 月	**een minuut** 1 分鐘	**dank u wel / bedankt** 謝謝
drie 3	**vier** 4	**Februari** 2 月	**een uur** 1 小時	**alstublieft / graag gedaan** 不客氣
vijf 5	**zes** 6	**Maart** 3 月	**een half uur** 半小時	**Het spijt me** 對不起
zeven 7	**acht** 8	**April** 4 月	**half elf** 10:30	**sorry** 抱歉
negen 9	**tien** 10	**Mei** 5 月	**goedemorgen** 早安	**alstublieft** 請 / 拜託
hounderd 100		**Juni** 6 月	**goedemiddag** 午安	**Hoe laat is het?** 現在幾點？
Maandag 週一		**Juli** 7 月	**goedenavond** 晚安	**Mijn naam is** 我的名字是
Dinsdag 週二		**Augustus** 8 月	**vandaag** 今天	**doei / tot ziens / dag** 再見
Woensdag 週三		**September** 9 月	**morgen** 明天	**Spreekt u engels** 你會說英文嗎？
Donderdag 週四		**Oktober** 10 月	**gisteren** 昨天	**tot Morgen** 明天見
Vrijdag 週五		**November** 11 月	**hoi, hallo** 嗨、你好	**weekend** 週末
Zaterdag 週六		**December** 12 月	**ja / nee** 是 / 不是	**feestdagen** 國定假日
Zondag 週日		**een dag** 1 天	**hier / daar** 這裡 / 那裡	**Fijne dag** 祝你有個美好的一天
meneer 先生		**een week** 1 週	**waar / Wanneer** 哪裡 / 何時	**Fijne weekend** 祝你週末愉快
mevrouw 女士		**een maand** 1 個月	**hoe / wat** 如何 / 什麼	
		een jaar 1 年	**waarom？** 為什麼？	

荷蘭語指指點點

荷蘭語指指點點

機場篇

荷蘭語	中文
dienstregeling	時刻表

Waar is de aankomsthal?
請問出境大廳在哪裡？

aankomst	入境
enkele reis	單程票

Waar kan ik mijn bagage ophalen?
請問我要去哪裡提領行李？

vertrek	出境
retour	來回票

Ik heb mijn bagage verloren.
我的行李遺失了。

uitgang	出口
1e klas	頭等車廂

Wat gaat u doen in Nederland?
你來荷蘭做什麼？

ingang	入口
2e klas	二等車廂

Waar verblijf je in Nederland?
你來荷蘭會住哪裡？

politiebureau	警察局
rijdt niet	取消

Ik kom naar Nederland om te studeren.
我來荷蘭讀書。

WC / Toilet	廁所
heeft vertraging	誤點

Ik kom naar Nederland voor vakantie.
我來荷蘭觀光度假。

informatie	資訊服務處
treinstation	火車站

Ik kom alleen naar Nederland.
我一個人來荷蘭。

luchthaven	機場
middenpad	飛機上的走道

Hoe lang blijft u hier?
你會停留多久？

vliegveld	機場
raam	窗戶

Wanneer vertrekt deze trein?
這班火車幾點出發？

bushalte	巴士站
verdieping	樓層

Op welk spoor moet ik instappen?
我要在哪個月台上車？

spoor	月台
een kaartje	一張車票

Kom je met jouw famile/vriend naar Nederland?
你是和家人或朋友來荷蘭嗎？

toerisme	觀光
inchecken	上車刷卡

Ik wil een enkele reis naar Amsterdam kopen.
我要買一張到阿姆斯特丹的單程票。

zakelijk	商務
uitchecken	下車刷卡

Hoe laat gaat de volgende trein naar Amsterdam?
請問下一班前往阿姆斯特丹的火車是幾點？

studie	留學
vergeet u niet	請別忘了

Hoe lang duurt het van Schiphol naar Amsterdam?
請問從史基浦機場到阿姆斯特丹要多久？

loket	購票處
stilte coupe	安靜車廂

Op welke verdieping is de Cash Refund Office?
請問退稅櫃檯位在哪個樓層？

 荷蘭語指指點點 交通篇

荷蘭語指指點點

instappen 上車	**ingang** 入口	**ver weg** 遠
enkele reis 單程票	**bushalte** 巴士站	**tijdschema** 時刻表	**geen Dienst** 不提供服務
retour 來回票	**station** 火車站	**vliegveld** 機場	**einde Bestemming** 最後一站
overstappen 轉車	**spoor** 月台	**vliegtuig** 飛機	**komt er aan** 即將
uitstappen 下車	**uitgang** 出口	**dichtbij** 近	**verkeerslichten** 紅綠燈

Ik wil graag een enkele reis/retour naar Rotterdam kopen.
我要買一張前往鹿特丹的票。

Hoe laat is de volgende trein naar Rotterdam?
請問下一班前往鹿特丹的火車幾點開？

De trein naar Rotterdam van 14:20 rijdt niet.
這班 14:20 往鹿特丹的火車取消了。

Kunt u me naar dit adres brengen?
請載我到這個地址，謝謝！

Moet ik overstappen als ik naar Den Haag wil gaan?
如果我要到海牙，需要轉車嗎？

Op welk spoor vertrekt de trein naar Rotterdam?
請問到鹿特丹的火車，在哪一個月台出發？

Ik heb de verkeerde trein genomen.
我搭錯車了。

Dag meneer, Ik wil graag naar Hotel xxx. Kunt u me waarschuwen als ik uit moet stappen, alsjeblieft？
先生您好，我要去 xxx 旅館，可否麻煩您提醒我下車？

Kunt u een taxi voor mij bestellen?
可否請你幫我叫計程車？

De trein van 10:00 naar Amsterdam heeft een vertraging van ongeveer vijf tot tien minuten.
往阿姆斯特丹的火車誤點約 5 ～ 10 分鐘。

Een mondkap je dragen is verplicht in het OV.
搭乘公共交通工具必須戴上口罩。

荷蘭語指指點點 住宿篇

brandblusser 滅火器	**verwarming** 暖氣	**televisie** 電視	
WC / toilet 廁所	**receptie** 接待處	**airconditioning** 冷氣	**licht** 電燈
toiletpapier 衛生紙	**handdoek** 毛巾	**douche** 淋浴間	**zeep** 肥皂
dekbedovertrek 被單	**kussen** 枕頭	**kluis** 保險箱	**tandenborstel** 牙刷

Is er een goedkoper hotel?
請問哪裡有便宜的旅館？

Zijn er nog kamers vrij?
請問有空房嗎？

Ik heb een kamer gereserveerd.
我有訂房。

Is de prijs inclusief ontbijt?
請問房價有包含早餐嗎？

Wat is de prijs voor een nacht?
請問住一晚多少錢？

Mag ik de kamer eerst even zien?
請問我可以先看看房間嗎？

Ik wil de kamer van〜tot boeken.
我想從 X 日預訂到 X 日。

Hoe laat begint het ontbijt?
請問早餐從幾點開始供餐？

Ik heb een handdoek nodig.
我需要一條毛巾。

Ik wil graag een andere kamer.
我想換房間。

Mag ik een extra bed hebben?
請問可以加一張床嗎？

Ik wil graag inchechen.
我要辦理入住。

Heeft u nog een kamer voor vanavond?
今晚還有房間嗎？

Ik heb een reservering voor vanavond.
我訂了今晚的房間。

Ik wil graag een eenpersoons / tweepersoonskamer.
我要一間單人 / 雙人房。

Is er een tramhalte/bushalte dichtbij het hotel?
請問旅館附近有電車 / 巴士站嗎？

Wilt u graag ontbijt voor morgen?
需要早餐嗎？

Roken is niet toegestaan in dit hotel.
本旅館禁止吸菸。

荷蘭語指指點點 **購物篇**

荷蘭語	中文
winkel	商店
markt	市場
groot	大
klein	小
goed	好
slecht	壞
duur	貴
goedkoop	便宜
maat	尺寸
kassa	結帳櫃檯
uitverkocht	已賣完
Anders nog iets?	還需要什麼嗎？
2e gratis	第二件免費
op voorraad	還有存貨
bonnetje	收據

荷蘭語	中文
paskamer	試衣間
opruiming	清倉
gratis	免費的
op=op	賣完就沒有了
korting	折扣
aanbieding	特價優惠
kopen	購買
actie	商店有優惠活動
overhemd	襯衫
spijkerbroek	牛仔褲
jas	外套、大衣
lang	長
kort	短
los	寬鬆
te krap	太緊
kleding	衣服

Ik kijk alleen even.
我只是看看。

Ik wil graag deze jurk kopen.
我想買這件裙子。

Mag ik het passen?
請問我可以試穿嗎？

Waar is de paskamer?
請問試衣間在哪裡？

Hoeveel kost deze?
請問這個多少錢？

Heeft u korting?
請問有折扣嗎？

Heeft u nog een kleinere / grotere maat?
請問有小 / 大一點的尺寸嗎？

Heeft u nog een andere kleur?
請問還有別的顏色嗎？

Heeft u een tax free formulier?
請問可以退稅嗎？

Kun u dit inpakken?
請問可以幫我包裝嗎？

Neemt u credit card / reischeque aan?
請問我可以用信用卡 / 旅行支票付款嗎？

Hoe kan Ik u helpen?
我可以為你服務嗎？

De maat is niet goed.
尺寸不合身。

Waar is de kasa?
請問結帳櫃檯在哪裡？

Mag ik de kassabon hebben alstublieft?
我需要收據。

Mag ik deze jeans retourneren / ruilen?
我可以更換 / 退還這件牛仔褲嗎？

荷蘭語指指點點　飲食篇

spek 培根	**slagroom** 奶油	**omelet combi** 煎蛋捲加各式料理	
bakker 麵包店	**tomaat** 番茄	**toetje** 甜點	**varkenshaas** 豬肉（里脊肉）
het onbijt 早餐	**rijst** 飯	**gegrilled** 燒烤	**kogelbiefstuk** 牛排
de lunch 午餐	**soep** 湯	**pepersaus** 黑胡椒	**saucijzenbroodjes** 香腸酥
het diner 晚餐	**kaas** 起士	**champignon** 蘑菇	**kaasbroodjes** 起士酥
het dagmenu 每日特餐	**wijn** 葡萄酒	**knoflook** 大蒜	**frikandelbroodje** 肉條酥
het hoofdgerecht 主餐	**water** 礦泉水	**tosti** 烤吐司	**kipkerriebroodje** 咖哩雞酥
het voorgerecht 開胃菜	**limonade** 檸檬水	**brood** 麵包	**gevulde koeken** 杏仁餅
het nagerecht 甜點	**fanta** 芬達	**gebakken zalmfilet** 烤鮭魚	**rozijnenbollen** 小圓葡萄乾麵包
fooi 小費	**rivella** 氣泡飲料		**vlees** 肉類
salade 沙拉	**sinaasappelsap** 柳橙汁	**gegrilde lamsspiesjes** 烤羊肉	**wijn** 酒類
groente 蔬菜	**Jus d'orange** 柳橙汁	**italiaanse bol met kaas** 義式麵包夾起士	**garnalen** 蝦子
fruit 水果	**grapefruitsap** 葡萄柚汁	**pistoletje ham** 法國麵包夾火腿	**proost!** 乾杯
patat 薯條	**koffie** 咖啡		**De ober** 服務生
aardappelen 馬鈴薯	**melk** 牛奶	**een biertje / pilsje / fluitje** 一杯啤酒	
ketchup 番茄醬	**likeur** 酒	**een karafje water** 一杯水	

Met hoeveel personen zijn jullie?
請問幾位？

Tot hoe laat serveert u lunch/diner?
請問午餐／晚餐供應到幾點？

Ik wil een tafel reserveren.
我想訂位。

Mag ik de menukaart weer even zien?
我可以再看一下菜單嗎？

Ik ben vegetarier.
我吃素。

Ik heb zout / peper nodig.
我需要鹽／胡椒。

Ik wil graag deze ~bestellen.
我想要點這個。

Ik wil een toetje bestellen.
我想要點甜點。

Kun u ons iets aanbevelen?
你可以推薦嗎？

Wat wilt u drinken?
您想要哪一種飲料？

Wat is het dagmenu van vandaag?
今天的特餐是？

Mag ik afrekenen.
我要結帳。

Eet smakelijk!
祝您用餐愉快！

Wij accepteren geen reservering.
我們不接受訂位

Is het eten goed? / Smaakt het?
請問食物還合胃口嗎？

Ik heb reservering om 20:00 uur.
我訂 8 點的桌位

Mag ik een extra bord / vork / lepel / mes hebben?
可以多給我們一個盤子／叉子／湯匙／刀子嗎？

Ik wil graag een kopje koffie/glas water, alstublieft!
請給我一杯咖啡／水。

Kunt u mij een bon geven, alstublieft?
請問可以給我收據嗎？

Mag ik mijn reserving van vanavond annuleren alstublieft?
我可以取消今晚的訂位嗎？

Heeft u misschien een engels menukaart?
請問您有英文菜單嗎？

Huisdieren zijn niet toegestaan in ons restaurant.
本餐廳不允許攜帶寵物進入。

Heeft u nog een tafel voor nu beschikbaar?
請問你們現在還有位子嗎？

Mag ik mijn reservering voor vanavond wijzigen?
我可以更改今晚原本預定的時間嗎？

荷蘭語 指指點點 玩樂篇

	Heeft u een kaart van Amsterdam? 請問有阿姆斯特丹的地圖嗎？
rechtdoor 直走	**Is deze kaart gratis?** 請問這份地圖是免費的嗎？
linksaf 左轉	**Waar is de kassa?** 請問售票處在哪裡？
rechtsaf 右轉	**Hoeveel kost een kaartje?** 請問一張門票多少錢？
tegen 對面	**Ik wil graag een fiets huren.** 我想租一輛腳踏車。
hoek 轉角	**Hoe laat begint de film?** 請問電影幾點開始演？
naast 旁邊	**Heeft u nog een kaartje voor deze film?** 請問這部電影還有票嗎？
omgeving 附近一帶	**Ik ben verdwaald.** 我迷路了。
gebied 地區	**Je bent verkeerd gelopen.** 你走錯方向了。
ticket 門票	**Hoeveel kost het voor een dag?** 請問租 1 天多少錢？
kaart / plattegrond 地圖	**Hoe kan ik naar _____ gaan?** 這個地方要怎麼走？
plein 廣場	**Wat is de ticketprijs voor kinderen?** 請問孩童票的票價？
kerk 教堂	**Kunt u een foto voor me maken alstublieft?** 可否幫我拍張照？
museum 博物館	**Goede reis!** 祝你旅途愉快！
theater 劇院	**Ik wil graag twee tickets / kaartjes kopen.** 我想要買兩張票。
bioscoop 電影院	**Hoe kan Ik met het openbaar vervoer naar het centrum?** 如果到市中心可搭乘哪種交通工具？

荷蘭語 指指點點

通訊篇

荷蘭語指指點點

internationaal pakket
國際包裹

aangetekende brief
掛號信

priority brief
快捷信

standaard
一般信件

ansichtkaart
明信片

brief
信

postzegel
郵票

brievenbus
信箱

postkantoor
郵局

tarieven
價目表

frankeren
郵資已付 或 貼郵票於

binnen Europa
歐洲境內

buiten Europa
歐洲境外

mobiele telefoon
手機 / 行動電話

beltegoed
通話卡卡值

tarief
費率

opladen
充電

Weet u waar hier een internet cafe is?
請問你知道這一帶哪裡有網咖？

Hoeveel kost het voor een uur?
請問上網 1 小時多少錢？

Mag ik printen?
請問可以列印嗎？

Waar is het dichtstbijzijnde politie bureau? 請問郵局在哪裡？

Ik wil graag postzegels kopen.
我想買郵票。

Ik wil deze kaart naar Taiwan versturen.
我想寄這張明信片到台灣。

In welke brievenbus moet ik het gooien?
請問我該把信投到哪一邊的郵筒？

Waar kan ik een telefooncel vinden?
請問哪裡可以找到公共電話？

Kunt u uw naam spellen?
你可以拼你的名字嗎？

Ik wil collect-call bellen.
我想撥打「對方付費」電話。

Ik wil graag een telefoonkaart van tien euro kopen.
我想買 1 張 10 歐元的電話卡。

Kunt u me helpen om dit telefoonnummer te bellen?
請問你可以幫我撥打這個電話號碼嗎？

荷蘭語 指指點點

應變篇

ziekenhuis
醫院

help
救命

dokter
醫生

roep de politie
報警

Mag ik het toilet gebruiken?
請問我可以使用廁所嗎？

Waar is de apotheek?
請問哪裡有藥房？

Ik weet het niet.
我不知道。

Ik ben ziek, kun u de ambulance bellen?
我生病了，請問你可以幫我叫救護車嗎？

救命小紙條

下表影印，以英文填寫，並妥善保管隨身攜帶

...rmation

國籍：Nationality

(西元)：Year of Birth：

性別Gender：　　　　　　　　　血型Blood Type：

護照號碼Passport No：

台灣地址Home Add：(英文地址，填寫退稅單時需要)

緊急聯絡人Emergency Contact (1)：　　　　　　　聯絡電話Tel：

緊急聯絡人Emergency Contact (2)：　　　　　　　聯絡電話Tel：

信用卡號碼：　　　　　　　　　　　　　　　　國內／海外掛失電話：

信用卡號碼：　　　　　　　　　　　　　　　　國內／海外掛失電話：

旅行支票號碼：　　　　　　　　　　　　　　　國內／海外掛失電話：

航空公司國內聯絡電話：　　　　　　　　　　　海外聯絡電話：

投宿旅館Hotel (1)：　　　　　　　　　　　　　旅館電話Tel：

投宿旅館Hotel (2)：　　　　　　　　　　　　　旅館電話Tel：

其他備註：

緊急救護、報案電話 **112**

非緊急報案電話 **0900-8844**

外交部旅外急難救助專線

00-800-0885-0885
00-886-800-085-095

駐荷蘭台北代表處(位在海牙)
Taipei Representative office in the Netherlands
http www.roc-taiwan.org/nl/post/216.html
✉ Van Stolkweg 23, 2585JM Den Haag (The Hague),
　The Netherlands
☎ 護照、簽證等事項，於上班時間撥打：070-3469438
☎ 發生車禍、搶劫等生命安危緊急情況，需請求急難救
　助撥打：06-54948849
FAX 070-3603836